Erich Mühsam

ASCONA

EINE BROSCHÜRE

ZWEITE AUFLAGE

LOCARNO
Verlag von Birger Carlson

Verlag Klaus Guhl Berlin

Umschlag

Foto: Karin Marek. Monte Verita 1982

MÜHSAM, ERICH: ASCONA
Bericht über alternatives Leben 1905 auf dem Monte Verita.
ISBN: 3-88220-004-9

Dem Naturforscher des Individualismus,

Herrn Dr. FRITZ BRUPBACHER in Zürich

ZUGEEIGNET.

Statt eines Vorworts:

Lerchen schmettern mir den Morgengruss,
und die laue Luft ist voll Gesang, —
und voll Hoffnung setz' ich meinen Fuss
schnell ins Feld, — fern allem Menschendrang...

Aber über mir schwirrt bang ein Ton,
wie von Menschennot und Menschenqual,
wie von Menschenwerk um Brot und Lohn, —
und es hämmert, klagt und klirrt wie Stahl.

Und mir ist, als summte in mein Ohr
wüste Hast und wirres Menschgetriebe,
und dazwischen klingt's ganz leise vor,
wie ein ferner, ferner Gruss der Liebe....

Ob ich ihrem Anblick auch entwich, —
nimmer flieh ich Menschenwort und -Tat.
Meinen ganzen Weg begleitet mich
tönend dieser Telegraphendrat.

Erich Mühsam.

Ascona am Lago Maggiore, Mai 1905.

(Gedichtet: April 1904.)

Berlin lag mir schon wieder derart im Magen, dass ich ehrlich froh war, als es mir auch im Rücken lag.

Jetzt sitze ich fern dieser Lasterhöhle am Lago Maggiore und denke in nicht gerade liebenswürdiger Erinnerung der literarischen Nachtcafes, in denen pomadetriefende impotente «Aestheten» bei Absinth und Opiumzigaretten ihre Georgien feiern; der «Cabarets» (die Franzosen mögen mir die missbräuchliche Bezeichnung einer schlechten Sache mit einem guten Namen verzeihen), in denen der fettleibigsten Tiergartenbourgeoisie in stilisierten Zoten «Berliner Humor» vorgesetzt wird; der Friedrichstrasse, des einzigen Orts Berlins, aus dem ein Dichter Poesie schöpfen kann, sofern es ihn der Mühe nicht verdriesst, der Moral durch die Finger und den Huren, Luden und Strichjungen ins Herz zu sehen; und da ich zu den nicht alle werdenden gehöre, die noch immer auf den Tag hoffen, da die Massen sich ihrer Sklaverei wütend bewusst werden und in gesundem Hass gegen ihre Peiniger ohne Sentimentalität zum eignen Nutzen verfahren, so denke ich auch in stiller Wehmut der liebevollen Fürsorge, mit der Herr von Borries abgerichtete Spürhunde, die auf den Namen Spitzel hören, bewachend hinter mir herlaufen hiess.

Berlin! Jeder gute Deutsche muss «seine» Reichshauptstadt gesehen haben, muss aus der «schönsten Stadt der Welt» drei Schock Ansichtskarten an sämtliche Cousinen, Freundinnen und Nachbarinnen gesandt haben, muss einmal die Linden lang, zweimal die Siegesallee hin- und zurück und dreimal um den Rolandbrunnen herumgegangen sein, muss 2½ Stunden am Lustgarten gestanden haben, um allerhöchsten Augen das frische Taschentuch zu zeigen, das zum patriotischen Hurrah in der Luft wedelt. Und muss noch vieles mehr. Oder fragt einen Deutschen, der in Berlin war, ob er nicht im Reichstagsgebäude Eugen Richters und Bebels Platz beschnuppert hat; ob er nicht im Apollotheater Linckeschen Gassenhauern gelauscht und in Siegmund Lautenburgs Residenztheater sich an den ins Deutsche verflachten französischen Schweinereien geweidet hat. Fragt ihn, ob ihn nicht ein Autotaxameter an allen Sehenswürdigkeiten vorbeikutschiert hat, und ob er nicht mit derselben Begeisterung Begas' besoffenen Bismarck wie Schlüters grossen Kurfürsten, den Menzelsaal in der Nationalgalerie, wie die Kanonenparade im Zeughaus, Hermann Tietz' Abteilung für Weisswaren und Unter-

wäsche, wie im neuen Kaiser-Friedrich-Museum den Saal der Gobelins von Raphael betrachtet hat. —
Gott vergebe mir die Sünde, dass ich eine Schrift über Ascona, — diesen entzückendsten Fleck Erde, wo von den dunkeln Berggipfeln sehnsüchtige Schönheit sich im grünwelligen See spiegelt, mit einer Kritik meiner teuren Landsleute beginne. Aber tagtäglich, wenn von Locarno hertrottend, eine Kompagnie übelster deutscher Reisephilister mit all ihrer Blödheit die herrlichen Gestade des Lago Maggiore entlanggafft, drängt sich mir der Vergleich auf mit den prächtigen Menschen, die hier ihre Heimat haben, mit diesen Grenzitalienern mit den dunkeln offenen Augen und der frohen Lebensselbstverständlichkeit, ein Vergleich aber auch mit den paar Ausnahms-Deutschen, die hier ihr absonderliches Leben fristen, und derentwegen ich dieses weisse Papier mit Tinte schwarz färbe ...
Wenn etwas typisch ist für den Charakter einer Bevölkerung, so ist es ihre Arbeiterbewegung; und wer als vorwärtsdrängender Kritiker das kennen gelernt hat, was in

Deutschland unter dem Namen Arbeiter-«Bewegung» stagniert, dessen Laune müsste eitel Zuckerwerk sein, wollte er dem deutschen Volkscharakter gegenüber liebenswürdig bleiben. Ich für meine Person habe zu lange im Kampfe für die Befreiung der Arbeiterschaft und für den Sozialismus dem feindlich gegenübergestanden, was in Deutschland Arbeiterbewegung heisst, um dem Charakter der grossen Volksmasse in Deutschland, der ganz und gar dem Charakter des Besitzmobs entspricht, die geringste Sympathie entgegenbringen zu können. Und wenn ich angesichts des wahlbeflissenen Proletariats, das das seinige getan zu haben wähnt, wenn es 3 000 000 sozialdemokratische Stimmen ins behördlich sanktionierte Closet zerrt, nicht lache, bis ich mir den Bauch halte, wie es einige kluge Individualisten tun, sondern mit Zornesworten weiterkämpfe für die Arbeiter und gegen ihre Führer, so mag das wohl das Rudiment eines atavistischen Nationalbewusstseins sein, das mich selbst für die Deutschen noch auf die Stunde revolutionärer Selbsterkenntnis hoffen lässt.

Die psychologische Ursache der Schlappheit der Deutschen, wo immer es sich um einen Bruch mit dem Bestehenden, wenn auch für schlecht Erkannten, handelt, scheint mir in ihrer bodenlosen Gewissenhaftigkeit zu liegen. Schon Dostojewsky charakterisiert in seinem «Totenhaus» einen Leidensgefährten, indem er von ihm sagt: «er war gewissenhaft wie ein Deutscher». Es ist durchaus nicht wahr, dass das Pflichtbewusstsein, und im Zusammenhange damit die Freude an der notwendigen Arbeit ein allgemein menschlich-moralischer Zug sei. Es ist ein typisch deutscher Zug, – auch kein typisch jüdischer, wie mir ein Bekannter behaupten wollte. Nur der Deutsche ist stolz, weil er arbeitet. Der Romane empfindet die Arbeit als ein notwendiges Uebel und empfindet es als Schmach, dass er sich der Notwendigkeit dieses Uebels beugen muss. Und den Juden drückt nach der biblischen Mythe Gott die Arbeit als Strafe für die Erbsünde auf; auf Strafen aber pflegt man nicht stolz zu sein.

Bezeichnender als irgend welche Deduktion beleuchten zwei Sprichwörter die verschiedene Auffassung der Pflichtarbeit bei den

Deutschen und bei den Romanen. «Arbeit macht das Leben süss», lernt das deutsche Kind schon in den Windeln. Der Italiener aber lehrt seinen Säugling «Dolce far niente». (Süss ist es, nichts zu tun). Solche Sprichwörter sind in Wahrheit vox populi. Die Revolutionsfeindlichkeit der deutschen Sozialdemokratie, ihre blinde Berufung auf Marx' Entwicklungstheorien, ferner die sehr geringe Zahl deutscher Anarchisten, — all das erklärt sich also aus der im deutschen Volkscharakter begründeten Gewissenstreue allen einmal übernommenen Verpflichtungen gegenüber. Und das ist auch der Grund für die Intoleranz der Deutschen in Sittlichkeitssachen. — Was ist denn «Sittlichkeit»? — Doch nur gewisse durch Sitte, d. h. Gewohnheit herangezüchtete Lebensnormen. Was die meisten tun, was Sitte ist, gilt dem oberflächlichen Deutschen als Pflicht, und was von dieser allgemeinen Pflicht abweicht, ist «unsittlich». Wieviel anders, wieviel freier, wieviel schöner, wieviel liebenswerter fühlt der Italiener! Solange du nicht meine Kreise störst, tue was dir beliebt, — das ist die Lebensauffassung dieses Volks, soweit es

nicht in den Fängen der widerwärtigen Pfaffenbrut hängt, die unter dem Deckmantel der christlichen Liebe das Gift der Moral in die unverdorbenen Temperamente spritzt.
Eine gesunde, durch keine Gesetzesparagraphen gebändigte Sinnlichkeit steckt den Italienern im Blut; ob solche Paragraphen, wie sie unter 175 etwa das deutsche Strafgesetzbuch zieren, in Italien oder in dem Schweizer Canton Tessin überhaupt vorhanden sind, weiss ich nicht. Das aber weiss ich, dass die jungen Arbeiter hier miteinander tanzen und sich küssen, ohne dass irgend jemand das geringste Böse darin sieht, — und dass trotz dieser Sittenverderbnis hier ein temperamentvolles, starkes und schönes Geschlecht heranblüht, dem die dem deutschen Proletariat eigene Moralitätsduselei in tiefster Seele fremd ist, das weiss ich erst recht.
Und ein wilder revolutionärer Hass gegen ihre Bedrücker wogt diesen Menschen in den Fibern. Wie würden sie lachen, wollte man ihnen damit kommen, dass sie einen der ihren ins Parlament wählen sollen. Die Herren Turati und Genossen im italienischen, und besonders die Herren Greulich und Genossen

im schweizerischen Parlament zählt das natürliche Gefühl der grossen Arbeitermasse Italiens und Tessins genau so zu den Reaktionären, wie die Pfaffen der übrigen Parteien. Hier weiss das Volk, dass eine Befreiung von allem Staats- und Kirchendruck nur möglich ist durch das Einsetzen jeder einzelnen Persönlichkeit, durch Verweigerung der Arbeitskraft, — durch den Auszug auf den heiligen Berg. Hier wäre es nicht denkbar, dass Schillers «Lied von der Glocke», dieses klassische Dokument deutscher Spiesserhaftigkeit und deutscher Bleichsucht, wie in Deutschland und der deutschen Schweiz – denn soweit die deutsche Zunge klingt, reicht auch der charakterlose deutsche Volkscharakter — sozusagen zur nationalen Bergpredigt werden konnte.

«Wo sich die Völker selbst befrein,
Da kann die Wohlfahrt nicht gedeihn,»

lernt der deutsche Proletarier mit Inbrunst auswendig; das Italiener-Volk, dessen Charakter ebenfalls soweit in die Erscheinung tritt, wie die italienische Zunge klingt, singt abends beim Kaminfeuer das prächtige Volkslied, das den armen Caserio, der seine Freunde Ravachol und Henri rächte, feiert. Erst 11 Jahre liegt die unerschrockene Tat dieses jungen Feuerkopfs hinter uns. Der deutsche Philister verurteilt noch heute den «nichtswürdigen Bluthund»; der deutsche Proletarier pfeift noch heute das Lied des «Vorwärts» nach, der ihn für einen irrsinnigen Fanatiker erklärte; — in Italien aber ist er der Held eines in allen Volksschichten gesungenen Volksliedes geworden ...

Hier nun, mitten unter der ticineser Bevölkerung, die schon ganz italienisch geartet ist und sich selbst ganz als Italienervolk fühlt, eine kurze Stunde von der italienischen Grenze, wo aber die rigorose Polizeimacht dieser Mustermonarchie noch nicht wirksam ist, sondern die schweizer Republik mit ihren demokratischen Staatsschikanen anerkanntermassen am zahmsten herumhantiert, — der Bundesstaat kennt wohl seine Tessiner! –, hier hat sich eine Kolonie Deutscher konzentriert, die in ihrer Vielfarbigkeit und der Originalität einzelner ihrer Mitglieder so sehr abweicht von der öden Schablonenhaftigkeit des teuren deutschen Vaterlandes, dass es sich verlohnt, diese Colonisten im einzelnen sowohl, wie in ihrer Gesamtheit und schliesslich auch sub specie aeterni einer Betrachtung zu unterziehen.

Ascona liegt, wie der Lago Maggiore überhaupt, neun Grade östlich von Greenwich und ist in beinahe gleichem Abstand begrenzt vom Aequator und vom Nordpol: 46 Grad südlich von jenem, 44 Grad nördlich von diesem. Jede bessere Spezialkarte bestätigt es. Geht man von Locarno her an der Westseite des Sees entlang nach Italien zu, so stösst man ungefähr in der Mitte zwischen jenem wundervollen, nur von deutschen Hochzeits-, Handlungs- und Vergnügungsreisenden schwer entstellten Städtchen und der bei Brissago befindlichen italienischen Zollstation mit Sicherheit auf irgend einen absonderlichen Haarmenschen. — Hier ist Ascona. Auch dem Anblick eines buckligen, eingeborenen Trottels, des guten Paolo, entgeht man schwerlich. Giebt man ihm ein Zehn-Cent-Stück, so legt sich sein verwelktes Gesicht fächerförmig in tiefe Furchen, die sich weit über den Kropf herabziehen, und sein Grinsen lässt selbst den Gewohnheitspessimisten an das Walten einer humoristischen Allmacht glauben. Mir würde Ascona ohne Paolo vorkommen, wie eine Klingel ohne Klöppel.

Ascona hat etwa 1000 Einwohner; dazu kommen 50-100 Deutsche, die ich hier einmal zusammenfassen will, obgleich wohl zu unterscheiden ist zwischen solchen, die in dem noch zu besprechenden Sanatorium «Monte Verità» bei Sonnenbädern, Früchten und Salat Heilung von wirklichen oder eingebildeten Krankheiten suchen, und solchen, die hier ansässig geworden sind, und die bei der Bevölkerung, gleichviel ob sie sich von Pflanzenkost oder «Leichenfrass» nähren, mit dem Sammelbegriff «Vegetariani» bezeichnet werden. Zur Weltstadt fehlt dem wie ein deutscher Flecken verwalteten Ort also noch mancherlei, und übermässig viele sind es noch nicht, die sich an der göttlichen Herrlichkeit dieser einzigen Landschaft erfreuen.

Und wie schön diese Landschaft ist! In weitem Umkreise hohe dunkelgrüne Bergzüge, lange sanftgewellte, hie und da langsam abfallende Höhenflächen, manchmal unterbrochen von vulkanartig sich zuspitzenden Kegeln. Und wo der See im Winkel umbiegt tiefer nach Italien hinein, da schiebt sich eine neue stillmächtige Wand vor den Blick und vollendet die Umschliessung. Nördlich aber, über Locarno recken sich die schneestrahlenden Zacken der Alpen riesig in die Höhe; — ein wunderbarer Kontrast zu der friedlichen Bergkette im Osten, Westen und Süden.

Hellgrün ist die Farbe des Sees, seltener bläulich, nur wenn es stürmt und starke Wogen dröhnend ans Ufer schlagen, dann bäumt sich das Wasser in dunkelgrünen, gischtspritzenden Brandungen. Nirgends habe ich einen See so als Höhensee empfunden wie den Lago Maggiore. Es ist als ob die in steiler Schräge nach dem Wasser abfallenden Hänge mit unterirdischen Fingern den Boden des Sees emporheben, und als ob jenseits der Berge nach allen Seiten hin tiefe Täler liegen, — viel viel tiefer als die Oberfläche des Sees.

Ascona liegt im Winkel einer flachen, von keinem Hügel gewellten Halbinsel, die sich von Locarno aus fast quadratisch in den See hinausreckt, und an deren Ende die Maggia im breiten Delta in den See mündet. Wie eine Herausforderung gegen die ganze ebenmässige Höhenstimmung ringsum wirkt diese

Halbinsel. Mich stört aber die Niederung nicht, und sie ermöglicht von Ascona aus einen wundervollen Blick grade aus nach Süden. An der Querseite entlang stehen alte echt italienische Häuser mit geräumigen Arkaden unter dem ersten Stockwerk, und davor der Raum bis zum Wasser ist breit genug, um mehrere Reihen Bäume, eine bequeme Fahrstrasse und weiten Spielraum für die lebhaften und schönen Kinder zu lassen, die Asconas Hoffnung sind. Der übrige Ort liegt am Rande der tadellosen Chaussee, die sich unter den Berghängen entlang von Locarno bis Pallanza erstreckt und von Ascona ab viele Meilen weit, bis Cannobio, nach links hin unmittelbar am Seeufer entlangläuft.

Mit Asconas Sehenswürdigkeiten möchte ich mich nicht lange aufhalten. Es giebt deren auch nicht viel. Nur sei bemerkt, dass die frommen Frauen hier — die Männer sind weniger fromm — zwei Kirchen nötig haben, um ihre religiöse Notdurft zu verrichten, und dass es hier auch ein Priesterseminar giebt, ein Alumnat, in dem unglückliche Jünglinge mit dem Geist der katholischen Kirche durchtränkt, d. h. zu katholischen Pfaffen herangedrillt werden. Was uns aber am meisten auffiel, als ich im Sommer 1904 auf einer Fusstour, die ich in Gemeinschaft mit meinem Freunde Johannes Nohl nach Italien hinein machte, zum ersten Mal Ascona betrat, waren eine grosse Menge Ruinen, traurige Trümmer ehemaliger Häuser, die am Seeufer weit entlang auf den vorderst gelegenen Hügeln den Eindruck einer erloschenen Betriebsamkeit, einer untergegangenen Kultur erwecken. Grösstenteils zerfallene Weinbau-Anlagen geben diesem Anblick etwas noch geheimnisvoll-poetischeres.

In der Tat ist hier einmal Weinbau im grossen Massstabe betrieben worden. Aber die Reblaus kam, und die Bewohner, die ihre einzige Existenzmöglichkeit vernichtet sahen, gingen von ihren Wohnstätten fort und überliessen ihre Häuser einfach dem Schicksal des Verfalls.

Daraus erklären sich auch die gradezu lächerlich billigen Preise der schönstgelegenen Grundstücke, die ihrerseits letzthin unter den deutschen Ansiedlern und denen, die es werden wollen, einen epidemisch auftretenden Grundbesitz-Kaufkoller bewirkt haben.

Natürlich ist aber auch hier schon wieder die Rückwirkung bemerkbar, indem in einem Jahre die Grundrente doch beträchtlich gestiegen ist. Im letzten Winter schloss ein Bekannter einen Kaufvertrag ab, nach dem er für ein Terrain von 2500 m., inclusive Baumaterial, soweit die Ruine dazu verwendbar wäre, im ganzen 300 Frk. zu erlegen hatte, zahlbar mit langer Frist in kleinen Raten. Vor ganz kurzer Zeit dagegen — im Mai — kaufte ein andrer Herr 20.000 m. für 6000 Frk., also die doppelte Summe für ein Stück Land, das dem ersteren an Schönheit der Lage nicht gleichkommt und an Bebauungsfähigkeit kaum überlegen ist.

Wenn ich bedenke, dass durch die bevorstehende Eröffnung der Simplonbahn, die natürlich in weitem Umkreise den Grundwert bedeutend hebt, durch die gesicherte Bahn Locarno-Pallanza, deren Station Ascona werden dürfte, durch die geplante Anlage einer Wasserleitung und anderer technischer Bequemlichkeiten eine weitere und immer wachsende Steigerung der Bodenrente zu erwarten ist, so graut mir vor der schauderhaften Aussicht, geschäftsbeflissene Banausen könnten hier zu Spekulationszwecken Land erwerben und etwa modische Villen hier erstehen lassen, von denen die Landschaft bis jetzt gottlob noch nicht befleckt ist.

Noch ist es schön und still hier. Noch genügen den wenigen, die statt auf den Monte Verità in Kur zu gehen, lieber im Ort selbst wohnen, die eingesessenen, alten Wirtschaften, an denen natürlich bei dem trinkfesten Tessinervolk kein Mangel herrscht. Male ich mir aber aus, hier könnten Hotels und Kurhäuser entstehen, aus Ascona könnte eine Sommerfrische werden, wo deutsche Rentner und Töchterpensionate Ozon schlürfend spazieren ständern, wo asthmatische Tanten ihren hühnerbrüstigen Nichten eine passende Partie suchen, — dann wollte ich lieber, einer der umliegenden Berge enthüllte einen ungeahnten mildtätigen Krater, der noch vorher alle Lieblichkeit dieses Ortes in Lava und Asche ersäufte.

Vorläufig möchte ich aber weder mir noch dem Leser mit solchen Befürchtungen die Schönheit des Lago Maggiore verekeln, von der ich freilich bei meiner mangelhaften Begabung zur Landschaftsschilderung keinen rechten Begriff geben kann. Wer sich nicht durch den Anblick überzeugen will, was hier die Natur vermocht hat, — und wem's doch nicht genügt, meinen dürftigen Beschreibungen des äusserlichen Rahmens zu folgen, den mache ich darauf aufmerksam, dass Deutschlands grösster Dichter Goethe in «Wilhelm Meisters Wanderjahren» und Deutschlands allergrösster Dichter Jean Paul im «Titan» so vom Lago Maggiore sprechen, dass phantasiebegabte Menschen doch wohl eine Ahnung bekommen können von den exotisch anmutenden Bäumen, die am Seeufer und auf den Bergen wachsen, von den Kakteen und Gummipflanzen, die aus den Felswänden hervorquellen, von den Bächen und Wasserfällen, deren Rauschen nachts mit dem Gesange der Nachtigallen zusammenklingt und von all den Herrlichkeiten auf dem Spiegel des Wassers, auf dem Kamm der Berge und in den Wolkenhöhen, wo die Adler kreisen.

Ich verzichte darauf, das alles anschaulich zu machen und verfüge mich zurück in die Prosaniederung der Marktpreise.

Freilich — herumzulaufen im Ort, und

Schlächter, Bäcker und Gemüsefrauen um einen Preiscourant zu bitten, ist mir, — und eine spezialisierte Preisstatistik in dieser Broschüre zu finden, wäre intelligenteren Lesern zu langweilig. Deshalb beschränke ich mich auf die Mitteilung, dass laut Versicherung vegetabilischer und animalischer Damen und solcher Leute, die die Fähigkeit haben, sich in ihren Ausgaben nach ihren Ressourcen zu richten — es giebt hier auch solche Käuze — das Leben in Ascona sehr billig sein soll. Ich kann darüber aus eigner Erfahrung nur berichten, dass ich für ein Zimmer mit Bedienung, notwendigster Einrichtung u. prächtigster Aussicht über den See, monatlich 10 Frk. zu zahlen hatte, und dass die Wirte in langmütiger Vertrauensseligkeit Credit gewähren.

Um nicht den Vorwurf zu verdienen, ich sei in meinen Angaben über Ascona nicht mit der Genauigkeit verfahren, die einem Deutschen ansteht, sei auch noch bemerkt, dass die Verbindung hier für den, der Grund hat, seinem Schuhzeug nicht zu trauen, in folgenden Möglichkeiten besteht.

Dreimal täglich im Winter, viermal täglich

im Sommer legt an Asconas Gestade ein schweizerisch-italienischer Dampfer an, der mit geschlachteten Kälbern, Frachtkisten, Reisekoffern und Arbeitern auf der einen, mit italienischen Pfaffen und internationalen Reisesüchtigen erster Klasse auf der andern Seite beladen ist; zweimal täglich klingelt die Post Locarno-Brissago und ebenso oft dieselbe Post Brissago-Locarno mit Briefen, Paketen, Zeitungen und Passagieren durch den Ort; und je viermal täglich hält hier ein Automobil-Omnibus Locarno-Pallanza-Gravellona, der auf der Hin- und Rücktour für einige Minuten die schöne Gegend mit Lärm und Gestank versieht. Dass die Chaussee daneben von Fahrrädern mit Pedal- oder Motorbetrieb, von Mietskutschen und Privat-Autos wimmelt, dass einem angst und bange werden kann, versteht sich am Rande.

So also ist der Ort beschaffen, den sich ein Rudel von Eingängern zur Stätte der Wirksamkeit erkoren hat.

Nun wäre es jawohl auch meine Pflicht und

Schuldigkeit, den historischen Werdegang der Entwicklung Asconas von einem Tessiner Grenzflecken mit ungestört italienischem Gepräge zu einer deutschen Sonderlings-Colonie aufzurollen. Leider bin ich aber über die Anfänge des jetzigen Zustands zu wenig orientiert, und muss mich mit der Feststellung begnügen, dass vor etlichen Jahren eine Anzahl Vegetarier, die sich im Harzer Jungborn getroffen hatten, die dann von dort miteinander gen Süden gezogen waren und, ich glaube in Rapallo, den Beschluss zu einer ethisch - sozial - vegetarisch - kommunistischen Siedlung fassten, auf der Suche nach einem hierzu geeigneten Gelände den Platz fanden, der heute «Monte Verità» heisst. Schön gewählt ist dieser Platz jedenfalls, ob er auch praktisch gewählt war, steht dahin. Der «Monte Verità» ist ein hochgelegenes Plateau mit wundervollem Blick über den Lago Maggiore, zu dem man von Ascona aus etwa 20 Minuten ziemlich steil zu steigen hat. Die ersten Ansiedler also bauten dort eine oder mehrere Holzhütten, und anfangs soll sich ein recht hübsches kommunistisches Leben entwickelt haben, hübsch besonders für alle diejenigen, die mit leerer Tasche sich zu den Kommunisten hinzufanden. Der Dilettantismus eines solchen Beginnens liegt auf der Hand. Kommunistische Siedlungen, die nicht auf der Basis einer revolutionär-sozialistischen Tendenz erwachsen sind, werden stets Fiasko machen müssen, zumal wenn das Band, das die Teilnehmer seelisch an einander bindet, ein so belangloses ist, wie das Prinzip des Vegetabilismus. Natürlich konnte das ideale Zusammenleben nicht von langer Dauer sein. Man musste daran denken, den steigenden Kosten des gemeinsamen Betriebes in gewinnbringenden Anlagen ein Aequivalent zu schaffen, und so entstand das Sanatorium, das sich allmählich mit zwingender Notwendigkeit, zu einem rein kapitalistischen Unternehmen entwickelt hat, an dem eigentlich nur noch einige in der Hausordnung gebotene Primitivitäten und der radikal durchgeführte Vegetabilismus an den ethischen Ursprung erinnern. Erstere dürften wohl in absehbarer Zeit den höheren Ansprüchen verwöhnter Kurgäste zum Opfer fallen. Der Bruch mit dem Prinzip einer sozial-ethischen Gemeinschaft musste den Bruch der Teilnehmer untereinander selbstverständlich mit sich führen. Mehrere von ihnen räumten denn auch dem Begründer des Sanatoriums, Herrn Henri Oedenkoven, der heute noch Besitzer des Monte Verità ist, das Feld, und kauften sich selbständig Grundstücke, auf denen sie nach eigenem Belieben schalteten. Ihr Beispiel fand mehr und mehr Nachahmung, und so kommt es, dass in Ascona und den Nachbardörfern jetzt eine grosse Zahl von Grundstücken in den Händen Deutscher ist, von denen die Mehrzahl Vegetarier sind.

Der Monte Verità bietet heute für den sozialen Beobachter kein grosses Interesse mehr. Er ist ein Sanatorium, wie andere auch, nur eben ein vegetarisches. Da ja aber die Vegetarier vor andern Deutschen zunächst den Vorzug haben, dass sie sich wenigstens in ihren äusseren Lebensgewohnheiten von den Gepflogenheiten der Massen unterscheiden, so trifft man da oben denn doch hie und da einen Menschen, der als Individualität bestehen kann.

Ich sehe mancherlei Parallelen zwischen der Entwicklung des «Monte Verità» von einem ideellen Experiment Weniger zu einem kapitalistischen Sanatorium, das jedem offen steht, der bezahlt, einerseits, und der Neuen Gemeinschaft der Brüder Hart in Berlin andrerseits, die in ihren Ideen und Prinzipien Grosses verhiess, dann aber in dem sozialen Angstprodukt von Schlachtensee, das schliesslich zu einer Hotelpension mit ethischem Firmenschild wurde, elend verendete. Hier war es die dogmatische Unduldsamkeit der Begründer selbst, woran die Idee zugrunde ging, die glaubten, soziale Gebilde aus Weltanschauungen gestalten zu können, ferner der ungehemmte Zulauf harmloser Ethiker, die sich von der Welt missverstanden fühlten, und nicht zum mindesten der Einfluss der Frauen, die auf der einen Seite die Neue Gemeinschaft zu ihrem Emanzipationsherd aufkacheln wollten, auf der andern Seite die philosophischen Ewigkeitsfragen, um die es sich handelte, im Kochtopf und Waschfass ersäuften.

Ganz ähnlich war es auf dem «Monte Verità». Der Vegetarismus wurde zu einer menschheitbefreienden Idee aufgepustet, und als die Beteiligten aus dieser recht irrelevanten Weltanschauung heraus ihre sozialen Träume nicht verwirklichen konnten, versuchte man es mit der ganz unmöglichen Verquickung eines ethischen Prinzips mit einem kapitalistischen Spekulationsunternehmen. Wie in solchen Fällen immer musste die Ethik hierbei den kürzeren ziehen, und heute kann man über die Rudimente dessen, was werden sollte, über die gutmütige Laune des Besitzers, der «Mitarbeiter» in fünfstündiger Arbeitsfrist nötige Handreichungen verrichten lässt, wobei er natürlich ohne regulär bezahlte und ausgebeutete Arbeitskräfte doch nicht auskommt (darin liegt kein Vorwurf gegen Herrn Oedenkoven), und über die Hausordnungsbestimmung, dass sich jeder Kurgast seine Lufthütte selbst in Ordnung halten muss, nur noch lächeln. So schmeichelte sich auch Julius Hart in Schlachtensee dann noch mit der Illusion, hier bereite sich das Leben einer neuen, abgeklärten Menschheit vor, als die Neue Gemeinschaft schon lange in den Kreis der wenigen Auserwählten jeden guten Bürger aufnahm, der sich bereit fand, in ihrem Heim ein Zimmer für sich zu mieten.

Was die Mitwirkung weiblicher Kräfte an irgendeinem einigen Fernblick erfordernden Unternehmen betrifft, so steht für mich a priori fest, dass die alten Griechen, Römer und Orientalen von einem sehr sicheren Instinkt geleitet wurden, indem sie den Weibern zu jedwedem wichtigeren Beginnen den Zuschauerplatz anwiesen. Wohl weiss das listig tastende Gefühl der Frau das Naheliegende oft genug rascher zu erkennen und richtiger zu bewerten, als der bedächtig abwägende Mann. Wo es sich aber um Organisieren handelt, bezw. um die Verwaltung gross angelegter Institutionen, da — cave mulierem! Desshalb eben bin ich ein so begeisterter Anhänger der von den Frauenrechtlerinnen betriebenen Beteiligung des zarten Geschlechts an der Staatsregierung, weil ich gar kein geeigneteres Mittel ausdenken kann, um die segensreichen Einrichtungen unserer Centralgewalten in Grund und Boden zu arbeiten.

Wie weit diese allgemeine Betrachtung auf die besonderen Verhältnisse des «Monte Verità» anzuwenden sind, entzieht sich meiner intimeren Beobachtung. Ich weiss nur soviel, dass an der ursprünglichen Anlage sowohl, wie an der ferneren Gestaltung der Dinge Frauen hervorragenden Anteil hatten, und ich weiss ferner, dass aus der anfangs beabsichtigten Gemeinschaft etwas geworden ist, was damit nur noch sehr entfernte und sehr äusserliche Aehnlichkeiten aufweist. Wenn ich nun zwischen diesen beiden Tatsachen vermöge meiner oben ausgesprochenen skeptischen Auffassung von dem Wert weiblicher Beihilfe an sozialen Bestrebungen, einen kausalen Zusammenhang konstruiere, so möchte ich damit den auf dem «Monte Verità» tätigen Damen keineswegs zu nahe treten. Ich weiss ihre Ausdauer und Unverdrossenheit sehr wohl zu schätzen, nur will eben meinem subjektiven Eindruck die Art der ihnen zugewiesenen Obliegenheiten im Prinzip ungeeignet erscheinen.

Die dritte und bedenklichste Erscheinung, von der analog der Neuen Gemeinschaft auch der «Monte Verità» heimgesucht wurde und wird, sind die ethischen Wegelagerer mit ihren spiritistischen, theosophischen, okkultistischen oder potenziert vegetarischen Sparren. Wer je in Vereinigungen irgendwie absonderlicher Prägung hineingerochen hat, weiss was ich meine, kennt die schmachtäugigen Blassgesichter, die von morgens früh bis abends spät nur beflissen sind, in untadeligem Lebenswandel Leib und Seele im Gleichgewicht zu halten. Vegetarier sind diese Geister ja fast alle. Dagegen ist auch gar nichts einzuwenden. Wenn mich jemand überzeugen könnte, für meine Gesundheit und bei meiner Konstitution sei Pflanzenkost, Alkoholenthaltung und was sonst noch alles dazu gehört, unbedingt geboten, und wäre ich der Meinung, die intensive Pflege des Leibes sei wichtiger als die des Geistes und der Seele, so würde ich auch wohl Vegetarier werden. Sicher bin ich der Meinung, dass einem Rekonvaleszenten ein paar Monate konsequent vegetarischen Lebens etwa auf dem «Monte Verità» überaus nützlich sein mögen. Wenn mir aber jemand mit allgemeinsittlichen Vorhaltungen kommt, mir «Leichenfrass» vorwirft und sich als den höhern Menschen aufspielt, so wirkt er auf mich im höchsten Maasse lächerlich.

Mit solch läppischen Albernheiten aber begründen die meisten ihren Vegetarismus. Als ob sie nicht mit jedem Radieschen, das sie verzehren, ein Stück Leben vernichten und sich von «Leichenfrass» nähren! — Solche Leute aber sind auf dem «Monte Verità» natürlich immer zu finden gewesen. Sie tragen ihren zum Schutz vor Sonnenbrand sehr zweckmässigen Leinenkittel wie ein Priester seinen Talar, und die Haare, die sie sich, wie viele Künstler aus aesthetischen, aus naturgemässen Gründen lang wachsen lassen, wallen ihnen um die verzeichneten Christusköpfe, als wohnten ihrer Mähne magische Kräfte inne. Dass solche Elemente, die mit äusserlichem Aufputz Innenleben zu markieren trachten, den ernsten Ideen eines Unternehmens als Hemmschuh anhängen, liegt auf der Hand, und ich bin überzeugt, dass aus dem «Monte Verità» ganz etwas andres hätte werden können, wären diese Herrschaften von vornherein mehr im Hintergrunde gehalten worden. Ich habe die Sorte in der Zeit, als ich noch der Neuen Gemeinschaft mit Enthusiasmus ergeben war, hinreichend kennen gelernt, und weiss, wie sie sich mit ihrem bischen «Weltanschauung» als «Individualitäten» aufblasen, während sie doch einander gleichen, wie durchgepaust. An dieser Stelle mag die Wiedergabe eines Liedes am Platze sein, das mir jüngst in einer verbrecherischen Stunde entfuhr, und das den Vegetarier als Sammelbegriff vielleicht besser illustriert als eine weitschweifige Charakteristik.

Der Gesang der Vegetarier.

Ein alkoholfreies Trinklied

(Mel. "Immer langsam voran")

Wir essen Salat, ja wir essen Salat
Und essen Gemüse von früh bis spat.
Auch Früchte gehören zu unsrer Diät.
Was sonst noch wächst, wird alles verschmäht.
Wir essen Salat, ja wir essen Salat
Und essen Gemüse von früh bis spat

Wir sonnen den Leib, ja wir sonnen den Leib,
Das ist unser einziger Zeitvertreib.
Doch manchmal spaddeln wir auch im Teich,
Das kräftigt den Körper und wäscht ihn zugleich
Wir sonnen den Leib und wir baden den Leib,
Das ist unser einziger Zeitvertreib.

Wir hassen das Fleisch, ja wir hassen Fleisch
Und die Milch und die Eier und lieben keusch.
Die Leichenfresser sind dumm und roh,
Das Schweinevieh - das ist ebenso.
Wir hassen das Fleisch, ja wir hassen das Fleisch
Und die Milch und die Eier und lieben keusch.

Wir trinken keine Sprit, nein wir trinken keine Sprit,
Denn der wirkt verderblich auf das Gemüt.
Gemüse und Früchte sind flüssig genug,
Drum trinken wir nichts und sind doch sehr klug,
Wir trinken keinen Sprit, nein wir trinken keinen Sprit,
Denn der wirkt verderblich auf das Gemüt.

Wir rauchen nicht Taback, nein wir rauchen nicht Taback,
das tut nur das scheussliche Sündenpack.
Wir setzen uns lieber auf das Gesäss
Und leben gesund und naturgemäss.
Wir rauchen nicht Taback, nein wir rauchen nicht Taback,
Das tut nur das scheussliche Sündenpack.

Wir essen Salat, ja wir essen Salat
Und essen Gemüse von früh bis spat.
Und schmipft ihr den Vegetarier einen Tropf,
So schmeissen wir euch ein Walnuss an den Kopf.
Wir essen Salat, ja wir essen Salat
Und essen Gemüse von früh bis spat.

Dieser Gesang soll übrigens nicht nur auf den «Monte Verità» bezogen werden. Auch die im Ort selbst wohnenden Vegetarier werden hie und da Heimatklänge darin hören, und wer ihn mir am schwersten übel nimmt, der mag versichert sein, dass er am portraitähnlichsten darin photographiert ist.

Die Bewertung der hygienischen Anstalt, als welche ich den «Monte Verità» allein noch auffasse, gehört nicht in den Rahmen dieser Broschüre. Geschmeckt hat mir persönlich die Rohkost, die dem Hungrigen dort vorgesetzt wird, stets vorzüglich. Auch fand ich immer unter den Kurgästen der Anstalt vortreffliche und interessante Menschen. Der Besitzer des Sanatoriums, Herr Oedenkoven, ist ein aesthetisch fein empfindender Mann, und die von seiner Gattin geleiteten musikalischen Abende, denen ich beiwohnte, waren genussreich und verständnisvoll arrangiert. Mehr habe ich über das Prinzipielle hinaus hierzu nicht zu bemerken. Die Abfassung von Reclamebroschüren überlasse ich dem «lichtvollen Historiographen», Herrn Professor Ludwig Pietsch in Berlin, dem Autor der epochemachenden Schrift über den Kaiserkeller.

Ich komme jetzt zu den Sezessionisten des «Monte Verità», zu den Mitbegründern der ursprünglichen vegetarischen Gemeinschaft, die aus der Umwandlung in ein Sanatorium die Konsequenz zogen, und ich beginne mit der interessantesten, tiefsten und bedeutendsten Persönlichkeit unter allen Colonisten, Carl Gräser. Dieser Mann, der einmal Offizier gewesen ist, lebt jetzt mit seiner Frau Jenny Gräser auf einem ziemlich umfangreichen Grundstück, das die Beiden durch ihrer eignen Hände Arbeit bewohnbar gemacht haben. Es ist ihr Stolz, möglichst alles, was sie zum Leben nötig haben, selbst herzustellen. Sie begnügen sich daher mit den primitivsten Bedarfsmitteln und lehnen es fast prinzipiell ab, den gemeinhin üblichen Tauschverkehr mit der Aussenwelt durch Geldmünzen zu bewirken.

Gräser ist der erste Mensch, der mir begegnet ist, der mit starrer Konsequenz das, was er theoretisch als richtig erkannt hat, in die Praxis umsetzt. Es gibt köstliche Anekdoten, wie sich das seltsame Paar prinzipiengetreu mit den ärgerlichen Einrichtungen ihrer Umwelt abfand.

Frau Gräser, die über eine sehr schöne Stimme verfügt, musste einmal den Zahnarzt aufsuchen: sie bezahlte den ihr geleisteten Dienst mit dem Vortrag einiger Lieder. Soll etwas,

gg. Geldmünzen!!
-> Tauschhandel

was die beiden nicht allein herstellen können, erhandelt werden, so gehen sie mit selbstgezüchtetem Obst nach Locarno und Bellinzona und werden mit dem Kaufmann über den Tausch stets einig.

Was aber irgend selbst geschaffen werden kann, das erhandeln sie nicht von andern. Ich traf Gräser einmal an, als er damit beschäftigt war, sich aus einem Stück rohen Holzes einen Esslöffel zu schnitzen, ein andermal verfertigte er gerade ein Paar Sandalen.

Diese Arbeiten begleitet er mit allgemeinen Betrachtungen und Sentenzen über die Schönheit der Natur, über seine persönliche Beziehung zum Weltganzen und über seine selbstgefundenen Erkenntnisse.

Sein Ideenkreis ist ein recht begrenzter, aber innerhalb dieser Begrenztheit doch ein sehr tiefer. Seine Philosophie lässt sich in Kürze vielleicht so fassen: Gleiches findet sich überall zum Gleichen: Gutes zum Guten, Schlechtes zum Schlechten, Schönheit zu Schönheit, Kraft zu Kraft und Schwachheit zu Schwachheit.

In der Natur sieht er alles Gute, Schöne,

=> NATUR : = ZIEL D. MENSCHEN

Kräftige, Reine in höchster Vollendung, darum ist ihm die Phrase «Zurück zur Natur!» die die schwächlichen Geister der Schablonen-Vegetarier sinn- und verstandlos einander vorpredigen, innerste Lebenssehnsucht geworden. All sein Trachten und Handeln geht deshalb dahin, in Wort und Tat sich mit der Natur, diesem Inbegriff aller Vollendung, möglichst zu «gleichen».

(Wie alle Naturphilosophen hat auch Gräser die Eigentümlichkeit, seinen Ansichten neue Ausdrücke anzupassen und ethymologische Zusammenhänge zwischen verschiedenen Begriffen zu konstruieren, die häufig genug recht willkürlich ausfallen.)

Die Beschäftigung mit den Buchweisheiten andrer weist er grundsätzlich zurück. Er sieht darin eine Hemmung seines eignen, natürlichen Vorstellungsvermögens. Nur was er selbst aus dem Gefühl heraus gefunden hat, ist für ihn wahr und wert, im Handeln zum Ausdruck zu kommen. Nur der eigne, frei und unabhängig von jedem theoretischen Programm gefasste Entschluss scheint ihm dem Wesen der Natur zu entsprechen, deshalb ist ihm Spontanität und Unmittelbar-

 Fremde Theorie über die Art zu leben => UNFREIHEIT

keit im Handeln gleichbedeutend mit naturgemässem Handeln.

Ein sehr ähnlicher Gedanke findet sich in Otto Weiningers posthumem Buch «Ueber die letzten Dinge», wo es in dem Abschnitt von der «Einsinnigkeit der Zeit» heisst:

«Tue, sage oder handle ich, was ich mir vorgenommen habe, so streiche ich die Zeit, die zwischen jedem Augenblick der Ueberlegung, und dem neuen, der die Handlung erfordert, liegt. Ich begehe eine Lüge gegen den neuen Augenblick, setze ihn nämlich als identisch mit dem früheren und bin damit zugleich determiniert, indem ich mich durch einen früheren Augenblick durch empirische Kausalität determiniert habe. Ich handle nicht mehr frei aus dem ganzen meines Ich heraus. Ich suche nicht mehr neu, das richtige zu finden; und bin doch wirklich ein andrer, als in jenem früheren Moment, zum mindesten um jenen reicher und nicht mehr ganz identisch mit dem früheren.»

Weininger erinnert in diesem Zusammenhange selbst an den Bibelvers Ev. Matthäus 10. 19; «Sorget nicht, was ihr sagen werdet, wenn man euch fragt, sondern sprechet was euch der Geist eingeben wird.» Nun ist dies Prinzip der Prinzipienlosigkeit natürlich eine contradictio in adjecto in dem Augenblick, wo es nicht aus dem Instinkt heraus befolgt, sondern zum Prinzip des Handelns erhoben wird. Und hier fängt denn auch der Bau der Gräserschen Theorie an zu wackeln. Denn seine Gewohnheit und sein Bestreben, alles was er tut und lässt, gleichzeitig vor sich selbst zu begründen, steht nun einmal im Widerspruch zu der Idee der konsequenten Spontanität, der er im selben Augenblick Ausdruck giebt.

Immerhin ist seine Philosophie ad hominem und das unausgesetzte Bestreben sich danach zu richten, eine herzerquickende Erscheinung im Vergleich zu den öden, unerlebten und unverdauten Lebensmaximen, wie sie das Gros der Vegetarier auf der Zunge trägt. Diese Leute bilden sich ein, freie Menschen zu sein und halten es nicht mehr für nötig, irgendwelche höhere innere Freiheit anzustreben; dabei aber stecken sie bis zum Halse in Unfreiheiten aller möglicher Art. Gräser dagegen arbeitet unaufhörlich an seiner seelischen Befreiung; das würde ihn allein hoch über seine ganze Umgebung erheben, wenn er nicht auch tatsächlich ein sehr viel freier empfindender Mensch wäre als jene.

Ich hatte jedesmal einen starken Eindruck, wenn ich Gräser besucht hatte. Fast ganz unbekleidet liegt er dann im Gras und philosophiert. Seine Augen sind ungleich beredter als sein Mund, denn sein Wunsch, den Gast mit jedem Wort, das er ausspricht, zu bereichern, nie etwas Banales zu sagen, giebt seiner Rede etwas Schwerfälliges; aber es ist köstlich mitanzusehen, wie dieser Mann nach dem Ausdruck sucht, der das, was er begreiflich machen möchte, am wahrhaftigsten wiedergiebt.

Frau Jenny passt vorzüglich zu ihm. Sie ist ein echtes Weib und als solches imstande sich in den Ideengang des Mannes, den sie liebt, völlig hineinzutasten. Das ist ja die beste Eigenschaft der Frauen, dass sie sich mit ganzer Seele und ganzem Geist ihrem Manne hingeben können und daher rezeptiv Gedanken und Lehren schneller in sich aufnehmen und verarbeiten können, als es manchem productiven und scharfsichtigen Mannesgeist möglich ist, die Einsichten eines andern zu begreifen.

Karl und Jenny Gräser sprechen miteinander gradezu in einer eignen Terminologie, sie hat sich seiner Art mit so taktsicherem Verständnis angepasst, dass er ohne sie jetzt fast so wenig zu denken ist wie sie ohne ihn. Seit einiger Zeit haben sie ein Kind zu sich genommen, den vierjährigen Sohn einer bekannten sozialistischen Frauenrechtlerin, die plötzlich katholisch geworden ist. Denn die Gräsersche Ehe ist kinderlos. (Hier sei bemerkt, dass die Vegetarier-Ehen in Ascona und Nachbarorten durchweg kinderlos geblieben sind. Mir ist nur eine Ausnahme bekannt. Doch stammt, soviel ich weiss, das Kind in diesem Falle aus der vorvegetarischen Zeit. Es wäre interessant, von Sachverständigen zu erfahren, ob die Erscheinung der Unfruchtbarkeit bezw. Impotenz, — viele Vegetarier zählen das Prinzip der Geschlechtsenthaltung zu ihren ethischen Grundsätzen, — aus der vegetarischen Lebensweise resultiert, resp. ob der Drang zum Vegetabilismus vorwiegend bei potenzgeschwächten Individuen entsteht.)

Der kleine Habakuk, den Namen haben Gräsers ihrem Pflegesöhnchen beigelegt, der ein ausnahmsweise intelligentes und schönes Kind ist, geniesst die freieste Erziehung, die man sich vorstellen kann, das heisst gar keine Erziehung. Ihm wird nichts befohlen und nichts verboten, er darf schlafen und essen, soviel und wann er will und herumtollen, wo und wielange es ihm nur Spass macht. Was aber das schönste ist: seine Pflegeeltern nehmen ihn völlig ernst. Man dressiert ihn nicht, wie es deutsche Bourgeoisfamilien mit ihren Kindern tun, zu artigen Kunststücken und konventionellen verlogenen Redensarten, die er herleiern müsste, wenn Besuche kommen, sondern er sitzt mitten zwischen den Erwachsenen, und wenn er eine Bemerkung zu machen oder eine Frage an jemand zu richten hat, so wird ihm mit demselben Ernst, mit derselben Achtung zugehört und geantwortet wie jedem Grossen. Wie widerwärtig ist es doch, Kinder, denen etwas geschenkt wird, zum Danke sagen zu zwingen, ehe sie fähig sind, ein Gefühl der Dankbarkeit zu empfinden. Mir verekelt es jede Gabe an ein kleines Kind, wenn es mir mit solcher angelernten Lüge antwortet. Wenn es sich wirklich über mein Geschenk freut, so weiss es sein Gefühl schon zu äussern und zwar herzlicher und ehrlicher als so ein Berlin-W-Fratz, der da, wo ihm die Lüge aus dem Herzen kommt, wo er aus seiner reinen Kinderphantasie heraus allerliebste Lügen erfindet, wie für ein Todverbrechen geprügelt wird. Die Erziehung des kleinen Habakuk zu beobachten, wirkt dieser innerlich verlogenen Verbildung des Kindergemütes gegenüber, wie sie die besten Eltern im besten Glauben betreiben, einfach erlösend.

Bei all den grossen Vorzügen, die Carl Gräser im Denken und Handeln auszeichnen, möchte ich ihm die eine Unfreiheit, die ich an ihm bemerken konnte, nicht zu dick ankreiden, wenn ich sie auch nicht verschweigen will. Das ist seine Unduldsamkeit gegen wirkliche oder vermeintliche Schwächen andrer.

Unduldsamkeit ist dann notwendig und angezeigt, wenn man im Kampfe für eine Menschheitsidee durch das Verhalten des andern sein Bestreben gefährdet sieht. Bei Gräser aber, der immer wieder ausdrücklich betont, er verzichte darauf, für die Befreiung einer andern als nur seiner eignen Persönlichkeit zu kämpfen, ist die Intoleranz ein leidiger Beweis dafür, dass er von seinem Ziel noch recht weit entfernt ist. Ich weiss aus eigner Beobachtung, dass er einem Menschen gegenüber, dem er stets freundlich begegnet war, sein Verhalten von dem Augenblick an änderte, als er ihn einmal bezecht sah. Darin liegt eine Kurzsichtigkeit, eine Inkonsequenz und eine innere Unfreiheit. Kurzsichtig ist dies Verhalten deshalb, weil Gräser gar nicht einzudringen versucht in die psychologischen Vorgänge, die den andern vielleicht grade im Alkohol die Befreiung von momentanen oder konstanten Leiden suchen liess; inkonsequent ist es, weil es moralisierend Stellung nimmt zu der Lebensart eines andern, was dem Gräser'schen Grundsatz, nur an der eignen Vervollkommnung zu arbeiten, stracks zuwiderläuft; und die Kurzsichtigkeit und die Inkonsequenz entspringen einer Unfreiheit insofern, als sich hier die Aufstellung einer allgemeingültigen Moral, und damit die Unterwerfung unter diese, somit also eine schwere innere Abhängigkeit ergiebt.

Ich bin indessen vollkommen überzeugt, dass

Gräser bei dem schweren und ernsten Ringen mit sich allmählich auch dahin gelangen wird, diese Schwäche abzulegen, und so den letzten Querstrich, der sich ihm noch zwischen die Uebereinstimmung von Denken und Handeln drängt, auslöscht. Schon jetzt ist er von allen in Ascona eingesessenen Deutschen bei weitem die originalste und am ernstesten zu beurteilende Persönlichkeit.

Lotte H. «Die Lotte», die gehört auch noch zu denen, die den «Monte Verità» begründen halfen, sich dann aber, als der Hase anders lief, als er getrieben werden sollte, auf eigne Faust ansiedelte. Zuerst hatte sie es allerdings noch als Mitarbeiterin in dem Sanatorium versucht gehabt und «Portiönchen ausgeteilt», wie sie selbst sich ironisch ausdrückt, bevor sie einsah, dass in solchem Betrieb die ewige Glückseligkeit nicht zu erwerben sei. Nannte ich Gräser die originalste Persönlichkeit unter den Asconeser Ansiedlern, so hat Lotte unbedingt Anspruch darauf, als originellstes Wesen der ganzen Gegend angesprochen zu werden. Man wird den Unterschied der beiden Begriffe fühlen. Ihre Originalität hat einen starken Einschlag ins Groteske, Abenteuerliche, Absurde.

Dass sie die Tochter eines höheren preussischen Beamten ist, sieht man ihr in der Tat nicht an, wenn sie, den rundlichen Körper in die notdürftigsten, Kleidungsstücke vorstellenden Textilerzeugnisse gehüllt, einige Blumen in den Händen und in den wüsten flachsblonden Haaren, die Chaussee entlangträllert. Ihr eine Viertelstunde südlich von Ascona sehr hübsch gelegenes Grundstück mit dem fensterlosen schief dastehenden Häuschen, erweckt denselben romantisch-chaotischen Eindruck, wie die Besitzerin. Irgendwo im Freien verstreut, liegt eine Decke und ein Reisigbündel. Das ist Lottens Nachtlager. Hie und da stolpert man über ein Kleidungsstück, ein Küchengeschirr oder ein Andenken aus der höheren Tochterzeit. Im Hause selbst, das aus zwei übereinanderliegenden Räumen besteht, sieht es noch bunter aus. In tollem Durcheinander Koffer, Utensilien, Nahrungsmittel, Bücher, Briefe und Ratten; dazwischen Bindfaden, Lederriemen, Matratzen, Holzklötze und was noch alles. Eine einzelne Sandale, ein ehemaliger Hut und ein paar Glasscherben vervollständigen das Bild.

In dieser Umgebung haust die Lotte nun seit Jahren mutterseelenallein. Ob sie sich dabei glücklich fühlt? Sie tut so. Und man muss es ihr lassen, sie tut mit viel Geschick so.

Lottens Charakter ist lange nicht so durchsichtig wie der Gräsers, und es ist nicht leicht, aus der Fülle der einander widersprechenden Eigenschaften ein einigermassen scharfes Bild ihres Inneren zu gewinnen. Auch möchte ich das junge Mädchen nicht durch allzu intime Indiskretionen kränken. Trotzdem muss ich etwas näher auf ihre Art eingehen, weil die ganz eigenartige Entwicklung der Lotte fast nur aus ihrer Umgebung heraus zu erklären ist und deshalb typisch ist für die Erkenntnis der Einwirkung absonderlicher Gesellschaftsumstände auf die einzelnen Glieder solcher lockeren Gemeinschaften überhaupt.

Zweierlei ist zur Charakteristik der Lotte zunächst von Bedeutung: einmal ihre katholische Herkunft und daraus entspringend ihr Hang zum Mystischen, und zweitens der unverkennbare Einfluss Gräsers auf ihre Ideenbildung, dieses bei aller Natur- und Ich-Versunkenheit doch ganz rationalistisch empfindenden, nach innerer Unabhängigkeit lechzenden Menschen.

Den Einfluss verborgener Kräfte hinter den Dingen zu erkennen, rastlos sich hinzugeben, aufzugehn im Gefühl der Gotteskindschaft, demütig anzubeten und im Glauben zu leiden, und doch zugleich sich als Mittelpunkt zu wissen, als treibende Kraft zu betätigen, spontan draufzugehn und sorglos jeder Laune zu folgen, dahin geht, wie mir scheint, wohl ziemlich unterhalb der Bewusstheit ihr Streben. Daraus entspringt auch wohl die Zwiespältigkeit ihrer Wesensäusserungen.

Das unablässige Bemühen nun, zwei so heterogene Empfindungen miteinander zu verquicken, lässt die Lotte nie aus dem Zustand einer fast krankhaften Ekstase herauskommen. Dazu kommt, dass der Eindruck des Gewaltsamen in ihrem Benehmen dadurch noch verstärkt und peinigender empfunden wird, dass ihre völlig misautische Natur sie zwingt, den ihr ganz unnatürlichen philautischen Zug spontaner Energieentfaltung konstant nach aussen hin zu dokumentieren.

Ist doch eine Frau ohnehin nicht imstande, eine von aussen her kommende Erkenntnis mit ihrem ganzen Wesen zu verschmelzen, sofern nicht durch die Kraft der Liebe die Erkenntnis des Mannes von vornherein als Gefühl in ihr aufsteigt.

Ich habe es viele Male beobachtet, wie sie aus einem Kreise gemütlich beieinander sitzender Menschen plötzlich ostentativ verschwand, um nach einer Viertelstunde mit Blumen behangen ostentativ wiederzukommen. Dann war offenbar aus irgend einer Ursache plötzlich eine religiöse Stimmung über sie gekommen, — soweit war ihr Empfinden natürlich —; zugleich aber erinnerte sie sich ihres Vorsatzes, jeder Stimmung im Moment nachzugeben, was sie sich auslegt, als ob sie sie den andern Menschen deutlich machen müsste. Deshalb lenkt sie durch ihren gezwungenen Aufbruch die Aufmerksamkeit auf sich, und deutet dann durch den botanischen Aufputz die gehobene Stimmung an, in die sie sich versetzt fühlte.

Es ist nicht immer leicht, die psychologischen Gründe ihres oft sehr wunderlichen Gebahrens zu erkennen, und ich masse mir keineswegs an, mit meiner Erklärung ihres Charakters das Wesen dieses unzweifelhaft selten tief veranlagten Mädchens erschöpft zu haben. Mir kam es nur darauf an, einmal an einem markanten Beispiel darauf hinzuweisen, wie ungeheuer stark die Umgebung individuell gearteter Menschen und die fortwährende Verbindung mit der Natur auf ebenfalls individuell geartete Menschen, die aber für einen völlig andern Rahmen geschaffen sind, zu wirken vermag.

Wie die Wesensart Lottens bei ihrem blossen Anblick äusserlich in die Erscheinung tritt, das will ich damit zu illustrieren versuchen, dass ich immer, wenn ich sie in ihrem primitiv-phantastischen Anzug daher schweben sehe, das schöne Lied singen möchte: «Vom Himmel hoch, da komm ich her —», und dass ich manchmal glaube auch die Drähte noch zu sehn, an denen sie Gottvater herumtanzen lässt. Alles in allem ist Lotte eine sehr bemerkenswerte und komplizierte Erscheinung, die der, der sie einmal kennen gelernt hat, so leicht nicht wieder vergisst, gleichviel, ob ihn sein inneres Gefühl ihrer Art sympathisch oder antipathisch gegenüberstellt.

Es würde natürlich viel zu weit führen, wollte ich die ganze Schar der sonst noch hier ansässigen Ausnahmsgestalten breitspurig aufmarschieren lassen. Ich will mich damit begnügen, noch einige besonders charakteristische Originalitäten einzelner Anwohner kurz zu berühren, um dann noch zwei ganz aus dem Rahmen der Asconeser Ansiedlerschaft fallende und darum um so bemerkenswertere Persönlichkeiten zu behandeln.

Zuerst noch eine Frau: Elly L., die noch weiter hinaus ein in gänzlicher Abgeschiedenheit, wundervoll zwischen grossen Höhlen und Fuchsbauten gelegenes Häuschen bewohnt. Elly ist das strikte Gegenteil der Lotte. An ihr ist nichts Erkünsteltes, nichts Gemachtes, nichts Forciertes. Aber eine vollendete Zigeunernatur ist sie, wie man sie unter Frauen sehr selten findet. Ihr würde es ein Leichtes sein, wenn irgend ein äusserer Antrieb sie dazu bewöge, ihr allerliebst aussehendes Zimmer, den einzigen bewohnbaren Raum ihrer Klause, zu verlassen und sich in diametral entgegengesetzte Lebensverhältnisse zu fügen. Sie ist ein Weib, das nicht mehr sein will, als ein Weib und grade darum mehr ist, als die meisten Weiber. Den Moralbegriffen der Kreise, denen sie entstammt, — Elly ist eine deutsche Professorstochter —, steht sie mit den denkbar freisten Anschauungen gegenüber und ist dabei weder auf den Vegetarismus noch auf sonst einen Ismus versessen. Dass sie die grösste Freiheit in der Auffassung des Lebens mit der grössten Freiheit von allen absonderlichen Originalitäten verbindet, das ist ihre einzige und nicht geringe Originalität. Einer besonders ulkigen Marotte wegen möchte ich ferner einen Herrn erwähnen, der in Orselina, einem zwischen Locarno und Ascona gelegenen Orte, wohnt. Dieser Herr ist nicht nur Rohköstler und Temperenzler, er verschmäht es sogar, rohe Weintrauben zu geniessen, und begründet das mit seinem Keuschheitsprinzip. Weintrauben, behauptet er, wirken auf die Geschlechtsnerven, denn schon die alten Griechen feierten das Fest des Dionysos zugleich mit dem der Aphrodite. Dies nur als Beispiel für die Begründungen, die man hier von allen möglichen Leuten für alle möglichen Torheiten tagtäglich zu hören bekommen kann.

Genannt seien schliesslich noch ein Hypochonder, der sich nie unter Leuten sehen lässt und sich immer krank fühlt, von dem ich aber nicht weiss, ob ihn der Vegetarismus hypochondrisch oder die Hypochondrie vegetarisch gemacht hat — und im Gegensatz zu diesem ein allzeit fideler ehemaliger Berliner Arbeiter, der tagaus tagein singt. Sein Grundsatz ist: Der Hergott ist ein guter Mann, und wenn man nur tüchtig daran glaubt, kann der Lohn auf die Dauer nicht ausbleiben. In dieser Ueberzeugung schmettert er mit unverdrossener Gläubigkeit Choräle gen Himmel, und ein geduldiger Nachbar hat einmal gezählt, wie er hintereinander 46 mal «Nun danket alle Gott» sang.

Damit mag es genug sein der Beispiele. Auch die anderen haben noch alle ihre Seltsamkeiten, die ja teilweise recht lustig sind. Sicher glaube ich, dass Ascona von den drei Vegetarier-Sammelplätzen – Obstbaukolonie Eden bei Berlin, Ascona und Samoa —, in der Zusammensetzung der Mitglieder und auch schon durch die äusseren Vorbedingungen, der interessanteste ist. Auf Samoa war ich freilich noch nicht, doch giebt es hier Vegetarier, die es auch dort versucht haben und mir bestätigten, dass die originellsten Typen selten bis dahin gelangen; Eden dagegen, das ich aus eigner Anschauung kenne, hält die Teilnehmer zusehr zu gemeinschaftlicher Arbeit an, was ja im Interesse der Produktivgenossenschaft sicher von Vorteil ist, als dass sich solche Eingänger, wie sie hier zu Dutzenden hausen, dort wohlfühlen könnten.

Wie ein wandelnder Protest gegen die alkoholenthaltsame Tugendboldigkeit der Vegetarier spukt die Gestalt eines Mannes durch Ascona, der meist ein wenig wankend mit unermüdlicher Geschäftigkeit von Kneipe zu Kneipe trabt. Es ist ein baltischer Baron, ein Hüne von Figur, dem sich die Merkmale des Gewohnheitstrinkers allmählich um Nase und Beine zeichnen. Dieser Mann verdient, grade weil er in die vegetarische Umgebung passt, wie ein Kunstwerk in den Berliner Tiergarten, eine ausführlichere Betrachtung. Denn eine solche, wie von einem andern Planeten hergeschneite Persönlichkeit, verlockt zu soviel Vergleichen mit den Sonderlingen, die hier Durchschnitts-Deutsche sind, dass ich mir die Unterlassung einer Gegenüberstellung nicht würde verzeihen können.

Baron Alexander v. R.-L. ist stocktaub, und versteht das, was man ihm zu sagen hat nur, wenn man es ihm mit einiger Kraftentfaltung ins Ohr brüllt. Um so komischer mutet das «hör'n Se» an, das er seiner von unverfälscht kurländischem Dialekt gefärbten Rede nach jedem dritten Wort einschaltet.

Er hat eine bewegte Vergangenheit hinter sich. Jüngst gab er mir eine kleine, mit viel Humor geschriebene Skizze zu lesen, in der er seine tollen Kindheitsstreiche erzählt. Danach muss die Lust zu Abenteuern schon in seiner frühesten Jugend in ihm gelegen haben. Als das verwöhnte, nur manchmal wegen seiner garzu wüsten Streiche verhauene Kind einer deutschrussischen Adelsfamilie wuchs er auf. Sein Hang zu Abenteuern liess ihn Seemann werden. Er diente vom Schiffsjungen auf, wurde Matrose und befuhr von Riga aus die Ostseehäfen. Ich glaube, bis England kam er auf seinen Reisen. In dieser Zeit wurde er schwerhörig und musste deswegen den Seemannsrock an den Nagel hängen. Jetzt wurde er Goldwäscher im Ural, in der Hoffnung, hierbei grosse Reichtümer zu erjagen. Diese Hoffnung betrog ihn, und jetzt sumpft er, hergelockt durch seinen vegetarischen Bruder, der hier auf seiner eigenen Scholle nach allen Regeln naturgemässer Enthaltsamkeit lebt, in Ascona herum. Er ist jetzt 38 Jahre alt, — ob's ihn hier lange, ob's ihn gar für immer hier halten wird? Ich kann's so wenig wissen, wie er selbst oder sonst jemand.

Wie er zum Trinker geworden ist, lässt sich mit Sicherheit natürlich nicht nachweisen. Ich denke mir, dass ihm die Liebe zum Spiritus als echtem Kurländer schon im Blut liegt, in seiner Matrosenzeit konnte er ihr ungezügelt folgen, und als dann die Taubheit dazu kam, war es nur selbstverständlich, dass ihm der Alkohol vernehmlicher Trost zusprechen konnte als die Menschen, die um ihn waren. Er ist aber gleichzeitig auch ein Opfer seiner beschränkten materiellen Verhältnisse. Sein Vater hielt ihn sehr knapp, 80 Rubel monatlich — das sind wenig über 200 Franken, — ist herzlich wenig für einen Menschen mit solchen Bedürfnissen, wie sie R.'s Herkunft und Erziehung grossgezogen haben. Sich nach der Decke zu strecken, ist seine Sache so wenig, wie die jedes andern, der das Gehäuse landläufiger Lebensgewohnheiten gesprengt hat. So konnte er Schulden nicht vermeiden, über deren Bedrückung ihm nur die intensive Beschäftigung mit der Weinflasche hinwegzuhelfen vermochte. Natürlich bewirkte aber die hierdurch hervorgerufene Steigerung der Ausgaben eine ständige Erhöhung der Schulden, und die Rechnung potenzierte sich zum circulus vitiosus.

Dass den lammfrommen Vegetariern solche Ueberlegungen nicht aufkommen, wenn sie dem feuchtfröhlichen Baron begegnen, versteht sich von selbst.

In tiefster Seele mit dem eigenen Lebenswandel zufrieden, dankerfüllt gegen ihr Schicksal, weil es sie an den Klippen solcher Verworfenheit gnädig vorbeigesteuert hat, schlagen sie die wasserblauen Augen zum Firmamente auf und strafen den Knecht des Alkohols mit Blicken abgründigster Verachtung. Es gibt ja auch nichts Erhebenderes, als die eigenen Vorzüge an den Schwächen eines Mitmenschen zu messen.

R. seinerseits, der zu den bestgearteten Charakteren gehört, die ich je angetroffen habe, ist gegen die Vegetarier von einem unbegrenzten Hass beseelt, der jedoch durch die alberne Verächtlichkeit, mit der er von ihnen betrachtet wird, nicht hervorgerufen ist, sondern nur verstärkt wird. Auch ist der Grund nicht etwa seine Intoleranz gegen das Temperenzlertum der Vegetarier. Das erscheint ihm einfach verrückt, mindestens total absurd. — «Wenn man nicht säuft,» fragte er mich einmal, «was soll man denn noch?» — Die Ursache seiner ingrimmigen Gesinnung ist vielmehr eine unendlich rührende. Er kann es den Vegetariern nicht verzeihen, dass sie seinem Bruder, von dem er ungeheure Stücke hält, ihre Ideen aufoktroyiert haben. Zum besseren Verständnis dieses Gefühls muss man sich vergegenwärtigen, wie stark Menschen von aristokratischer Abkunft das Familienehrgefühl im Blut sitzt. Sich selbst hält R. zur würdigen Repräsentation seines Namens verloren, deshalb möchte er seinen Bruder allen Glanz ausstrahlen sehen, der von dem Adelswappen der Familie ausgeht. Jetzt sieht er aber diesen Bruder, den er über alles liebt und verehrt, in einer Lebensweise aufgehen, die ihm über die Maassen verächtlich erscheint. Daher sein tiefer Hass gegen die, die er der Verführung seines Bruders bezichtigt. Als er von mir erfuhr, dass ich diese Broschüre schreiben wolle, bat er mich, ich solle den Vegetariern «feste auf die Kapuze hauen», aber seinem Bruder möchte ich nicht zu nahe treten: «Das ist ein guter Mensch». — «Von mir können Sie ja schreiben, dass ich ein altes versoffenes Luder bin.»

Seine Leistungsfähigkeit im Trinken ist ungeheuerlich, und sie ist in letzter Zeit noch dadurch gesteigert, dass er sich in eine fesche Italienerfrau unglücklich verliebt hat. «Sie ist mir ins Herz gekrochen,» erzählte er, «und hat mir den Kürbel verdreht.» Schon morgens, wenn er mich trifft, sind seine ersten Worte: «Hören Sie, liebes, gutes Herr Mühsamchen, kommen Sie schmoren, hör'n Se!» und seine Freude ist riesengross, wenn man mal mit ihm «schmoren» geht.

Seine Konstitution ist von einer fabelhaften Widerstandskraft. Es kommt vor, dass er manchmal tagelang nicht das Geringste isst, dazwischen aber ganz unglaubliche Mengen Alkohol vertilgt. Trifft man ihn dann nach so einer vier- bis fünftägigen Fastenzeit, so sieht er aus, als ob er eben einen ganzen Ochsen verzehrt habe. Ob die schmachtlappigen, immer nur um ihr bisschen Leiblichkeit angstvoll besorgten Vegetarier, die bei der geringsten Unregelmässigkeit in der Magenversorgung umkippen, wirklich Grund haben, angesichts der imponierenden Vitalität dieses Riesen, mit ihrer naturgemässen Ueberlegenheit aufzutrumpfen, möchte ich mindestens doch sehr in Frage stellen. Ich für meine Person blicke die kolossale Kraft, die eine Lebensweise, wie sie R. übt, voraussetzt, viel eher mit Hochachtung als mit Geringschätzung an, während ich nicht behaupten kann, dass mir die Art, wie die Vegetarier sich zu Sklaven ihres Verdauungsapparats machen, den geringsten Respekt abnötigt.

Jedenfalls gehört für mich dieser Mann mit seinem gesunden und natürlichen Menschenverstand und mit dem tiefen echten Leid hinter der roten Nase zu den sympathischsten Persönlichkeiten und angenehmsten Gesellschaftern, die ich in Ascona gefunden habe. Das will ich den männlichen und weiblichen Tugendjungfern gegenüber, die sich mit so gewaltigem sittlichen Aufwand über ihn entrüsten, doch ausdrücklich betonen.

Ehe ich zum allgemeinen Rückblick und zur Schlussbetrachtung komme, habe ich noch einen Menschen zu behandeln, dessen singuläre Wesensart ein eigenes Blatt beansprucht und den hier engere Beziehungen mit den eingebornen Ticinesern, als mit den eingewanderten Deutschen verbinden. Eigentlich sind es noch zwei Menschen, doch will ich mich aus Bescheidenheit nur mit einem von ihnen befassen, und das ist mein vorne schon flüchtig erwähnter Freund Johannes Nohl. Man hat sich in deutschen Literaturkreisen seit einigen Jahren viel mit dem Wesen der Bohême beschäftigt, und dabei sind stellenweise so verrückte Vorstellungen von diesem Wort entstanden, haben sich der Natur dieser Menschengattung so wesensfremde Elemente, um sich interessant zu machen, in die Pose des Bohémiens geworfen, dass es mich oft beinahe schamrot macht, meinen Namen, wo man sich mit mir abgibt, immer wieder im Zusammenhang mit diesem Ausdruck zu lesen. Wohlriechende Jünglinge, die verdeckt von gewaltigen Cravatten und öltriefenden Napoleonlocken mit ihren Kastratenstimmen die literarischen Nachtcafés durchzirpen, bilden sich grössenwahnsinnig ein, ihre durch geistige Impotenz gebotene, absolute Untätigkeit stemple sie zu Vertretern der Bohême. Beschäftigungslose Künstler, die mit ihrem Mädel ein dürftiges Atelier bevölkern, die einmal Murger gelesen haben, und sich daher, wenn sie mal einen Taler flüssig haben, eine Flasche Mosel leisten, wo doch all ihr Sehnen und Trachten dahin geht, einmal, von Aufträgen überhäuft, im Kreise einer liebenden Familie eine elegante Villa mit Park zu bewohnen, schmeicheln sich in demselben Wahn.

Wenn meine Erklärung richtig ist, so ist ein Bohémien ein Mensch, der aus der grossen Verzweiflung heraus, mit der Masse der Mitmenschen innerlich nie Fühlung gewinnen zu können — und diese Verzweiflung ist die eigentlichste Künstlernot — drauf losgeht ins Leben, mit dem Zufall experimentiert, mit dem Augenblick Fangball spielt und der allzeit gegenwärtigen Ewigkeit sich verschwistert; — dann aber ist Johannes Nohl der typischste Bohémien, der lebt.

Vor anderthalb Jahren lernten wir uns in Berlin kennen. Wir haben seitdem miteinander geteilt, was zu teilen war, wenig materielle und viel ideelle Schätze, wir haben zusammen die Schweiz gesehen, deren verschiedenste Kantone besucht, haben gemeinsam Nord-Italien durchstreift, uns gemeinsam die Bedrängnisse des täglichen Lebens um die Ohren geschlagen, gemeinsam gehungert, gedurstet, geschlemmt und gezechprellt, und sind schliesslich gemeinsam in Ascona — gelandet? Schwerlich, zunächst aber hängen geblieben.

Nohl ist noch nicht 23 Jahre alt. Er entstammt einer Berliner-Professorenfamilie. Trotzdem ist er schon jetzt der befreiteste Mensch, der mir je über den Weg gelaufen ist. Unabhängig von jeglicher Moralsimpelei, von aller vorgefassten Tendenz, beurteilt er jeden Menschen, jedes lebende Wesen, nach der Eigenart des betreffenden Individuums und nur an sich selbst stellt er mit strengem Ernst die Anforderungen, die sich für ihn aus seiner grossen Weltauffassung ergeben. Man könnte wirklich versucht sein, seine niedrige Meinung vom Wert der deutschen Rasse zu revidieren, wenn man sich vorstellt, dass dieser Mensch ein Deutscher ist; doch ist Künstlerblut ja wohl international. Und Künstler ist Nohl vom Fundament aus, nicht nur in seinem Leben, sondern auch in seinem Dichten. Obgleich noch nicht eine Silbe von ihm gedruckt ist, wage ich die Behauptung, dass er in absehbarer Zeit unter den von Kunstkennern anerkannten Dichtern in der ersten Linie genannt wird. Ich gebe jedem Leser das Recht, mir einmal diese Zeilen unter die Nase zu reiben. Wenn meine Prophezeiung nicht eintrifft, so will ich blamiert sein bis auf die Knochen. Man wird mir vorwerfen, dass ich als Freund zu illusionistisch sehe, — ich behaupte genau das Gegenteil. Gerade aus der engen Freundschaft heraus, die mich mit Nohl verbindet, kann ich eher als irgend ein anderer beurteilen, was in ihm steckt, und wohin er sich entwickeln wird.

Freilich: dornig genug ist ja der Weg, den er noch vor sich hat. Die jammervollen Zustände, dass wir auf Schritt und Tritt von elendem Gelde abhängig sind, binden selbst dem

Freiesten die Flügel. Nohl hat das lange nicht einsehen wollen. Er ist zu sehr Revolutionär in sich selbst, als dass er sich je zu meinen individualistisch-sozialistischen Ueberzeugungen hätte bekehren lassen, in denen er eine Unfreiheit, immer noch eine Konzession an die irdischen Verhältnisse überhaupt erblickt.

Jetzt hat er sich doch entschlossen, sich die Möglichkeit eines ungehemmten künstlerischen Schaffens dadurch zu sichern, dass er sich hier ansiedelt. Das wird ihn hier nicht für Zeit und Ewigkeit fesseln können, aber er hat sich dadurch eine Zuflucht geschaffen, eine Möglichkeit, irgendwohin doch immer zurück- und einkehren zu können. Das Grundstück ist da, ein prächtiges Terrain mit wunderbarem Blick über den Lago Maggiore. Ob ihm das Grundstück etwas nützen wird, ob es uns gelingen wird, die 1500 Mark zum Hausbau zusammen zu bringen, — das wissen die Götter. Vielleicht fühlt sich durch diesen Hinweis ein gütiges Wesen veranlasst uns zu helfen. Auf Wunsch wird das Kapital sogar verzinst.

Ich bin etwas von meinem Thema abgekommen, das die Menschen, von denen ich Notiz nehme, in ihren Beziehungen zu der Landschaft und den andern Bewohnern Asconas zeigen wollte. Doch war es zu verlockend, einmal über meinen Freund etwas allgemein Interessierendes mitzuteilen, als dass ich mir die Gelegenheit hierzu hätte entgehen lassen mögen.

Bei seiner ganzen Art ist es nur natürlich, dass Nohl sich im Kreise des urwüchsigen Italienervolkes im Allgemeinen wohler fühlt, als in Gesellschaft der, wenn auch eigenartig, so doch ziemlich schematisch lebenden Deutschen. Es ist ein famoser Anblick, wenn er mit dem jugendlichen Künstlerkopf — «il poeta bello» sagen die Leute hier von ihm —, mit den langen dunkeln Locken und dem weissen Leinenanzug, inmitten der schwielhändigen, russgeschwärzten Fabrikarbeiter beim Weinglase sitzt.

Die Leute verehren ihn in ganz rührender Weise. Nie wird es einem einfallen, ihn wegen seiner langen Haare, wegen seiner mangelhaften Kenntnis der italienischen Sprache oder aus anderen Gründen zu verhöhnen.

Der Italiener hat einen angebornen, natürlichen Respekt vor aller Künstlerindividualität, der dem Deutschen völlig ermangelt.

Man stelle sich einmal vor, in einer deutschen Kleinstadt geriete ein Italiener, mit Anzug à la Gustav Nagel (die Tracht der Vegetarier hat Nohl aus Zweckmässigkeitsgründen angenommen; mehr aber auch nicht), in eine Arbeiterkneipe, setzte sich zu den Leuten an den Tisch und begänne mit ihnen zu radebrechen. Welches Spottgejohl würde sich erheben! — Hier sind die Menschen anders. Hier ist es sogar möglich, dass der alte Trottel Paolo, den ich oben bereits vorgestellt habe, Abend für Abend in einem besuchten Lokal sitzt und sein Süppchen schlürft, ohne dass er je ein rauhes Wort vernimmt. Wie würde wohl in Deutschland ein Idiot behandelt werden, der grinsend sich in eine Wirtschaft setzte, wo selbst der Herr Bürgermeister verkehrt!

Wie freuen sich die Leute hier, wenn Nohl und ich in ihren Rundgesang des Caserio-Liedes mit einstimmen oder mit ihnen würfeln und uns an ihren harmlosen Kartenspielen beteiligen. Zumal wir die einzigen der hier lebenden Deutschen sind, die sich mit den

Kritik an der Gilde: → abseits von der heimischen Bevölkerung zu leben.

Eingebornen näher abgeben, abgesehen von dem tauben Baron von R., mit dem ja aber für die Leute eine Verständigung völlig ausgeschlossen ist.

Ich komme zum Schluss. Viel oder gar Erschöpfendes habe ich über Johannes Nohl hier nicht sagen können. Was ich über ihn gesagt habe, mag denen, die sich für die Eigenart starker Künstlernaturen interessieren, solange genügen, bis er eines Tages mit eigenen Worten hervortritt. Mein Stolz aber wird es sein, als Erster vor der Oeffentlichkeit überhaupt etwas über ihn gesagt zu haben.

Sat prata biberunt. Ich hoffe, mit dem Gesagten, mit der Andeutung des landschaftlichen Milieus und der Zeichnung der ursprünglichen und der zugewanderten Bevölkerung, sowie mit der Hervorhebung besonders markanter Persönlichkeiten, ein genügend erkennbares Bild von Ascona gegeben zu haben, wie es heute ist.

Ueber die Beziehungen der Ansiedler untereinander und zu der eingesessenen Bevölkerung bin ich hinweggegangen. Die kleinstädtische Ueberwachung, der hier jeder von allen ausgesetzt ist, das Netz der erotischen Verknüpfungen, die Eifersüchteleien und kleinlichen Gehässigkeiten sind hier im Wesentlichen nicht anders als überall. Von wirklich innigen Freundschaftsbanden unter den Deutschen habe ich nichts bemerken können, abgesehen von meinem eigenen zu Johannes Nohl. Intoleranz und gegenseitiger Argwohn haben hier ihre Stätte, wie nur irgend wo anders. Auch wüsste ich mit der einzigen Ausnahme von Carl Gräser unter den dauernd hier lebenden keinen, dessen Sonderart in irgend einer Richtung als vorbildlich wirkend gewünscht werden könnte. Und trotzdem hat es mir gelohnt, das Bild Asconas unter Zukunfts-Gesichtspunkten zu entrollen. Nicht, weil ich in der vegetabilischen Lebenshaltung, wenn sie die Massen übernähmen, etwas Kulturförderndes erblicken könnte; auch nicht, weil ich die gewiss erfreuliche Erscheinung, dass die meisten der hier bestehenden Ehen ohne Staats- und Pfaffenhilfe zu Stande gekommen sind, für einen überwältigenden Beweis der Weltentwick-

FREIEHE hier eigl. Schwäch.

lung hielte. Dass sich die in freier Ehe Lebenden so sehr mit dieser Errungenschaft brüsten, fasse ich eher als eine Schwäche auf, indem sie mit dem grossen Jubel über eine im Grunde ganz selbstverständliche Sache das bürgerliche Gewissen übertönen wollen, das ihnen ihr dem Prinzip entsprechendes, aber nicht in der Seele natürliches Verhalten, noch immer als einen Schritt vom Wege erscheinen lässt. Es hat mir vielmehr deshalb gelohnt, weil ich in der augenblicklichen Konstellation von Landschaft, Ureinwohnern und Zugezogenen Möglichkeiten zu sehen glaube, wie sich unter Umständen Asconas Zukunft noch entwickeln kann.

Ich will einmal absehen von der schon geäusserten Befürchtung, das Asconersche Gelände könnte Spekulationswüterichen zum Opfer fallen oder Asconas seelische Qualitäten könnten an sommerfrischelnden Kurgästen zum Teufel gehen, so bleiben doch noch verschiedene andere Aussichten, die nach dem Grade ihrer Wünschenswürdigkeit zu untersuchen sind.

Ich glaubte einmal, Ascona sei der geeignete Ort, um hier eine kommunistische Siedlungsgenossenschaft in grossem Massstabe zu versuchen. Aber so wünschenswert das Experiment auch wäre, einmal mit einer genügenden Anzahl Menschen in primitiver Gemeinwirtschaft, unter Ausschaltung aller kapitalistischen Hilfsmittel, ein Zusammenleben auf eigene Faust zu bewirken, wie es Carl Gräser für sich allein ja beinahe schon erreicht hat, – (die Idee hierzu stammt von Gustav Landauer, der sie zuerst in einer Berliner Zionisten-Versammlung aussprach und entwickelte) — so ist doch Ascona nicht der rechte Fleck dazu. Denn einmal ist zu einem solchen Beginnen ein zusammenhängendes, weites und leicht kultivierbares Terrain erforderlich; das hier erwerbbare Land aber, das zwar wie gesagt enorm billig ist, ist in viele kleinere Grundstücke weit auseinander gerissen, auch ist der Boden dadurch, dass er Jahrzehnte lang brach gelegen hat, derart mit Weinranken, Wurzeln und Gestein versetzt, dass es unverhältnismässige Arbeitsleistungen beansprucht, um ihn wieder bebaubar zu machen. Dann ist es aber auch nicht zu empfehlen, ein Unternehmen, das in erster Reihe Zuversicht und festen Mut der

Teilnehmer erfordert, da ins Leben zu rufen, wo ein, wenn auch nicht gleiches, so doch verwandtes Experiment, schon einmal missglückt ist. Jeder Blick zum «Monte Verità» hinauf müsste den Beteiligten Zweifel und Misstrauen erwecken und ihnen die Befürchtung nahelegen, ihr neuer Versuch könnte das Geschick des alten erleben; solche Befürchtungen aber wären schon gleichbedeutend mit einem Fiasko.

Schliesslich ist zu erwägen, dass die hier schon Ansässigen, die als Pioniere einer derartigen Siedlung in Betracht kämen, sich in jahrelanger Gewöhnung allein zur Einzelarbeit geeignet gemacht haben, und sich schwerlich in die Organisation eines gemeinschaftlichen Wirtschaftsbetriebes fügen würden. Zumal Gräser mit seinen persönlichen Eigentumsbegriffen, nach dessen Ueberzeugung alles was seiner Arbeit entstammt, sein ureigenster und einziger Besitz ist, würde sich niemals in eine Arbeitsgenossenschaft eingesellen können und wollen. Auf ihn sind die Faust-Verse anzuwenden:

«Nur der erwirbt sich Freiheit und das Leben,
der täglich es erobern muss».

Die meisten andern aber sind viel zu eng in ihren vegetarischen Maximen befangen, als dass sie nicht ihre Ethik, ihre Weltanschauung über die Erfordernisse des wirklichen, lebendigen Lebens stellen würden. Dadurch aber wäre eine sozialistische Siedlung in Ascona von vornherein zum Schicksal der Neuen Gemeinschaft verurteilt. Der Gedanke an eine Ausgestaltung der in Ascona bestehenden Verhältnisse zu einem grossen sozialen Versuch nach dieser Richtung hin muss also ausscheiden.

SCHAFFUNG einer Künstler-Kolonie?

Nun läge es nahe, bei der stark individualistischen Luft, die hier weht, an eine Künstlerkolonie à la Worpswede zu denken. In der Tat ist diese Idee auch schon entstanden, und es liegt nicht ausser dem Bereich der Möglichkeit, dass sie zur Wirklichkeit wird. Schon will ein deutscher Bildhauer hier ein Grundstück erwerben, um darauf ein Atelier zu bauen, und wenn man Gerüchten glauben darf, so soll auch ein bekannter italienischer Dichter mit dem Plan umgehen, sich hier niederzulassen. So sehr ich aber auch, besonders den Bildhauernamen schätze, so stimmt mich doch gerade die gemeinschaftliche Erwähnung der beiden Künstler im Zusammenhange mit dem Wort Ascona bedenklich. Beide sind sehr exklusive Naturen, und wenn ich mir etwa vorstelle, eben die Exklusivität führe sie hier zusammen, so kann ich mich der Befürchtung nicht erwehren, es möchte hier eine Künstlereinkapslung vor sich gehen, die sich wie der Münchner Stefan George-Kreis mit grosser Wahrscheinlichkeit zu einer Genie-Brutanstalt auswachsen würde.

Das aber kann ich weder im Interesse der Kunst, noch im Interesse Asconas, am wenigsten aber im Interesse der inneren Beziehungen aller Künstler zueinander wünschenswert finden. Ein gewisses Gegengewicht gegen etwa bestehende Absichten, eine neue exklusive, distinguierte Künstler-Sezession in Ascona zum Leben zu erwecken, wäre freilich sofort da. Nohl und ich selbst würden eine solche aggressive Abschliessung niemals mitmachen, — auch wohl kaum als Teilnehmer gewünscht werden. —

Sollte es meinen oft wiederholten Ueberredungskünsten ausserdem noch gelingen, auch Paul Scheerbart hieherzuziehen, was hiermit auf diesem noch nicht gewöhnlichen Wege erneut versucht sein soll, so wäre die Gefahr, Ascona zum Hort einer nicht unbedenklichen Künstlerabsonderung erwachsen zu sehen, die den Charakter der Intoleranz an der Stirn trüge, wohl ein für allemal beseitigt.

Mir scheint Ascona zu einem weit erstrebenswerteren, wenn auch neuen und vielleicht recht absonderlichen Experiment der geeignete Ort zu sein. Die Menge aussergewöhnlicher Erscheinungen, die schon jetzt hier ihren Wohnsitz haben, in Verbindung mit dem duldsamen, freiheitlichen Charakter der eingesessenen Bevölkerung und der relativ geringfügigen Belästigungen der Bewohner durch die staatlichen Gewalten im Kanton Tessin, prädestinieren Ascona zu einer Sammlungsstätte solcher Menschen, die infolge ihrer individuell gearteten Veranlagung ungeeignet sind, jemals nützliche Mitglieder der kapitalistischen menschlichen Gesellschaft zu werden.

Ich wiederhole eine von den verschiedensten Schriftstellern tausendfach geäusserte Erfahrung, wenn ich ausspreche, dass die besten Elemente aller Nationen in Gefängnissen und Zuchthäusern verkommen. Ich weiss aus eigener Anschauung, dass in den Herbergen der deutschen Landstrassen und in den Berliner Verbrecher-Kaschemmen Persönlichkeiten anzutreffen sind, die von den Stützen der Gesellschaft mit Abscheu gemieden werden, die aber ein Herz im Leibe tragen, das dem, der ihnen menschlich nahetritt, das eigene höher schlagen macht. Was wird heutzutage aus den Leuten, die die entsetzlichen Fesseln der Eigentums-Ungerechtigkeiten, die ihnen den Atem schnürten, zerbrachen, — «Verbrecher» nennt die Bürgersprache diese Zerbrecher!? — Was wird aus ihnen, nachdem man sie jahrelang hinter Kerkermauern und Eisengittern kirre zu machen versucht hat? Kriechen sie gehorsam unter das Joch der Ausbeutung zurück? O nein, denn selbst, wenn sie, mürbe gemacht von den Foltern der Justiz, sich unterwerfen wollen und pater peccavi sagen, — die unbefleckte Tugend derer, die es dazu haben, stösst sie zurück und verschmäht die Dienste derer, die sich einmal aufgelehnt haben gegen die göttliche Weltordnung der europäischen Civilisation. Diese Tugend selbst zwingt sie, von neuem zu rebellieren, bis man sie wieder und nochmals fasst und sie endlich wegen ihres bisschen Menschenbewusstseins langsam totpeinigt.

Nein, die heutige Gesellschaft fördernde Elemente werden Leute mit so starkem Ichgefühl nie werden. Aber Vorkämpfer einer in jeder Hinsicht besseren, freieren und schöneren Gesellschaft, — das können sie werden, wenn sie irgendwo einen Fleck Erde wissen, wo man sie nicht scheel ansieht und sie nicht als Verworfene und Verkommene meidet.

Daher — mögen alle deutschen Betschwestern in keuschem Entsetzen die Augen verdrehen, — wünsche ich in tiefster Seele, Ascona möchte einmal ein Zufluchtsort werden für entlassene oder entwichene Strafgefangene, für verfolgte Heimatlose, für alle diejenigen, die als Opfer der bestehenden Zustände gehetzt, gemartert, steuerlos treiben, und die doch die Sehnsucht noch nicht eingebüsst haben, unter Menschen, die sie als Mitmenschen achten, menschenwürdig zu leben.

Sollten manche fromme Gemüter diesen Wunsch gar zu ketzerisch finden, so glaube ich, wird mich gerade vor ihnen der Hinweis auf Christus rechtfertigen, der oft genug als

Verteidiger der Sünder erscheint und von dem, der seine Lehre befolgen will, verlangt «er isset mit ihnen».

Denn, wenn Schiller je ein gutes Wort gesprochen hat — wird es auch noch lange fromme Sehnsucht bleiben, — so ist es das: «Raum für alle hat die Erde».

Vielleicht wird Ascona einmal dazu beitragen, es seiner Verwirklichung nahe zu bringen; vielleicht wird Mutter Erde hier auch denen einmal Raum gewähren, denen sich gegen Knechtschaft und Vergewaltigung in echtem Grimme der Mensch aufbäumte. Mich wird's hier nicht immer halten können. Mein Blut jagt mich weiter durch die Welt. Ich muss noch viele Länder sehen und Völker kennen lernen. Aber wenn ich nach Jahren wieder einmal nach Ascona komme und finde es bewohnt von Menschen, die durch Zuchthäuser geschleift, zerschunden von den Chikanen der Besitzenden und ihren Executionsorganen, dem Staat, der Polizei und der Justiz, endlich doch hier eine Heimat und eine Ahnung von Glück erlangt haben, dann will ich mich von ganzem Herzen freuen.

Eine Enklave voller Utopien

Monte Verita - Berg der Wahrheit?

Reliquien eines Alternativprojekts im mondänen Kurort:
Ascona, Monte Verita 1982

1900 war die Kolonie von einigen theosophisch angehauchten und vor allem naturverbundenen Leuten gegründet worden. Die Gruppe von sieben Lebensreformern hatte sich in München getroffen und war in Richtung Süden losgezogen, um dort eine autonome Siedlung ins Leben zu rufen. Ihr Antrieb war die Unzufriedenheit mit den kaputten, krankmachenden Verhältnissen wie auch die radikale Ablehnung bürgerlicher Werte, Karrierevorschriften und der Lebensform Ehe und Familie.

Die Reformer kamen bei ihrem Marsch über die Alpen am Lago Maggiore vorbei und ließen sich wegen idealer klimatischer Verhältnisse im damals noch völlig unberührten Tessin nieder. Mit Geld aus dem Vermögen des Mitgründers Oedenkoven (ein Industriellensohn) kauften sie ein unwegsames Gelände oberhalb von Ascona und tauften es (nicht frei von mystischen Hoffnungen) "Monte Verita" - Berg der Wahrheit. Wie andere Projekte der Lebensreformbewegung, die aus dem engen deutschen Kaiserreich kamen, wandte sich diese vegetarische Cooperative und Naturheilanstalt gegen die Kaputtheit in den Städten. Zudem wollte man den Zwängen der kapitalistischen Industriegesellschaft ein Schnippchen schlagen, "dem Kapitalismus mit allen seinen Folgeübeln" entgegentreten, autark als Kleingruppe leben, ohne an Profit zu denken. Im frischen Süden, im Reservat, erhoffte man sich alle erdenkliche Freiheit. Im Katalog der "Monte Verita" -Ausstellung (die Harald Szeemann 1978 zusammenstellte) heißt es: "Der Berg. Das ist überhöhte Landschaft, kein nur mehr zu nutzendes Stück Erde, sondern eine ausstrahlende heilende, heilige Stätte - ein Tempelbezirk, heiliger Hain und Göttersitz".

Harte Arbeitsbedingungen bei der Urbarmachung des Geländes und ständige Existenzangst stießen bei den Siedlern rasch die idealistisch-verträumten Vorstellungen um, die sie sich vom Leben in Freiheit gemacht hatten: "Es waltet eine schlecht verstandene Anarchie. Die Durchzügler schlafen auf Heulagern, Kästen und Vorräte stehen offen. Die von Karl Gräser fanatisch vertretene Theorie der Selbsthilfe, verbunden mit nur sporadischer Arbeitslust einerseits, sowie das physische Unvermögen der Einzelnen, weil sie schwere Arbeit nie gewöhnt waren, bewirken, daß die Hütten im Monat August genauso unvollendet dastehen wie im April", schrieb Ida Hoffmann (Gefährtin Oedenkovens) in ihr Tagebuch.

Schon zu der Zeit, als Mühsam als Besucher auf dem Berg war, bahnte sich notgedrungen die Kommerzialisierung des Projekts an. Aus der autarken Kolonie wurde ein vegetarisches Sanatorium mit zahlenden Kurgästen, um die eifrig mit Prospekten und Verheißungen über die Güte der "Reformküche" geworben wurde. In diesen Jahren machten auch immer mehr Kultur-Touristen in Ascona halt. Wie der Gang der weiteren Geschichte illustriert, waren sie die Vorfühler der Reiseindustrie heute ist die Gegend um Ascona mit Hotels und Villen gespickt.

Viermal am Tag fuhr damals der Autobus durch das Fischerdorf, das gerade 1.000 Einwohner hatte. In der Umgebung lebten nur einige Bauern, bei denen sich (wie Robert Landmann in seinem rein beschreibenden Monte-Verita-Buch aus den Dreißiger Jahren bemerkt) manche, wohl nicht so ganz von der Sache überzeugten Vegetarier ab und zu bei nächtlichen Ausflügen die Bäuche mit Braten und Wein vollgeschlagen haben sollen. Mühsam jedenfalls freute sich an der stillen, geheimnisvoll-poetischen Stimmmung um Ascona, und es störte den Berliner ausgesprochen, wenn jener Bus "für einige Minuten die schöne Gegend mit Lärm und Gestank" verpestete.

Heute wälzen sich Automassen mit überwiegend deutschen Kennzeichen im Schrittempo durch den vollgestopften Ort, der ein wenig an Lugano oder Montreux erinnert: zögernder Süden, noch übertüncht von schweizer Betulichkeit und Sauberkeit. Neuere Hotels, Parks, Springbrunnen, Uferpromenade mit einem weißen Ausflugsdampfer und vielen Fähnchen, Eiscafes, Casino. Einige Kilometer entfernt der Lido, daneben ein Golfplatz, davor üppige Limousinen. Im Straßenbild Edeljeeps mit Surfbrett, offenen Sportwagen mit wuchtigen Stereoanlagen - die Jaguare schleichen.

Mühsam ahnte wohl schon, wie hier alles kommen mußte. Bereits 1905 befürchtete er, daß "Spekulationswüterische" die Fährte aufnehmen könnten, um das asconeser Gelände touristisch zu überrumpeln und für "sommerfrische Kurgäste" aufzubereiten.

Die ersten Kurgäste, die die Naturheilanstalt Oedenkovens ab 1904 besuchten, brachten zwar Geld in die Kasse - unter den Bewohnern des "Monte Verita" war schon diese Kommerzialisierung umstritten gewesen, so daß sich einige völlig zurückzogen. 1909 gab Oedenkoven (der das Sanatorium zusammen mit dem Arzt und Anarchisten Friedeberg konzipiert hatte) den Betrieb auf. In den nächsten Jahren kamen auch die Echos des ersten Weltkrieges nach Ascona: der Berg wurde unruhiger Emigrantenfluchtort. Einige Gäste und Bewohner waren auch 1914 pflichtbewußt ins Vaterland zurückgefahren, zumal auch die schweizer Behörden sofort eine Ausländersteuer erließen und die Heimkehr kräftig forcierten.

Der Glaube an die Utopie, eine neue Gesellschaft aufzubauen, zerfiel bei den Gründern mehr und mehr, Oedenkoven und Ida Hoffmann setzten sich nach dem Krieg Richtung Brasilien ab. Der Berg war 1921 verlassen, zugewuchert, verwildert.

1924 wurde der "Monte Verita" unter völlig anderen Aspekten und Vorstellungen wiedereröffnet: Künstler, ein "Bohemetrio" (Szeemann), nutzen die verlassenen Kolonie als Sommerfrische. Statt karger und harter Lebensweise und großen Träumen von einer "Stätte für die Entwicklung und Sammlung erweiterter Erkenntnisse und erweiterten Bewußtseins" (Oedenkovens Programm), gab es Karneval und Konsum, rauschende Feste und Bälle; man lud Gäste zur "Afrikanischen Nacht" oder zum Sommerfest "Unter der blauen Sonne"...

In den Vierziger Jahren, als ein Bankier-Baron-Kunstmäzen (der prächtig ins Aristokratenbild der Regenbogenpresse paßte) die Siedlung kaufte und sich der Ort zum Schickeria-Tummel-Plätzchen aufzuplustern begann, war der touristische Ausverkauf der 50er und 60er Jahre fast schon vorprogrammiert. 1972 griff die Tourismus-Werbung noch immer zu solchen schmackhaften Formulierungen wie "Maler, Mädchen und Millionen", um mit diesem Bild nunmehr biedere Gäste zu ködern. Schon Ende der Zwanziger Jahre wurde auf dem Gipfel des Hügels ein Luxushotel errichtet - als Ausdruck der bereits pervertierten Zustände wurde es "Monte Verita" genannt. Die Hütten der Gründer unterhalb schrumpften zu exotisch-primitiven Bauten komischer Heiliger.

Heute sitzen oben im Hotel-Park "Monte Verita" betuchte Gäste aus der Bundesrepublik. Ihre Mercedesse parken gravitä-isch, ein Porsche mit dem sinnigen (und icher nicht zufälligen) Kennzeichen LA-DY zieht den steilen Zufahrtsweg hoch. Neben dem Luxushotel steht das alte Hotel Semiramis" aus den Zeiten Oedenkovens unterhalb - wenige Meter durch einen tro-pischen Garten - noch einige Holzhütten aus der Anfangszeit: Casa Andrea, Casa de Sole, das "Russenhaus". Ein Haus ist im-mer bewohnt. An der Tür sind Dutzende von Zetteln angeheftet, eine alte Frau huscht weg. Wie jemand in der "Casa Anatta", dem renovierten Gemeinschafts-haus und Museum erzählt, hat sie Wohn-recht auf Lebenszeit.

Auf dem heruntergelassenen Rolladen der Casa" steht: "Monte Verita", (auch) Name des Museums. Drinnen, in der mit viel architektonischer Fantasie (mit kleinen, teilweise winzigen Zimmern, größeren Sä-len, Etagen, Terrassen, Schiebetüren) ganz aus Holz gebauten "Casa Anatta" ist die Szeemann-Ausstellung untergebracht.

Aus dem ehemaligen Gemeinschaftshaus und der späteren Dependance des Luxus-schuppens ist das Museum geworden, aus der Vegetarierkolonie ein Erholungspark. Von den ursprünglichen "communistisch-kolonistischen Prinzipien" ist nur noch ein Hauch zu spüren. Unterhalb des Großho-tels eingefriedet in den Villenort Ascona ist der Berg heute eine Sehenswürdigkeit vol-ler Reliquien - eine Enklave voller Utopien.

Wolfgang Rumpf

die tageszeitung

Dienstag, 20.7.82

Chronik der Ereignisse

1900: *Eine Gruppe von „Lebensreformern" aus Deutschland gründen die „Vegetarische Cooperative" Monte Verita oberhalb Asconas, einem Fischerdorf*

1904: *Aus der Sonnen-Kuranstalt wird ein kommerzielles Sanatorium, das 5 Jahre besteht*

1906: *Der Psychiater Otto Groß plant eine „Hochschule zur Befreiung des Menschen". Immer mehr Künstler, Maler, Literaten und Bohème-Szene besuchen den Berg*

ab 1913: *Die „Schule für Kunst" entsteht. Während des 1. Weltkriegs treffen sich hier viele Emigranten*

um 1920: *Ascona wird zum Künstlernest, die Gründer des „Monte-Verita" setzen sich nach Brasilien ab, die Siedlung verwildert.*

1924: *Neueröffnung als Sommerfrische mit modernem Hotelbetrieb*

1926: *Ein Baron und Kunstmäzen macht den Berg immer mehr zum mondänen Ausstellungsraum*

ab 1950: *Ascona wird zum Kur- und Urlaubsort, der „Monte Verita" geht an den Kanton Tessin über*

1978: *Die Szeemann-Ausstellung über die Geschichte des Bergs wird in Berlin, Zürich, Wien, München und Ascona gezeigt und erregt Aufsehen*

ab 1980: *Unterhalb eines feudalen Großhotels wird in der „Casa Anatta" das Museum „Monte Verita" eingerichtet. Einige der alten „Lufthütten" sind noch bewohnt, das Gelände ist ein exotischer Park.*

Foto: Karin Marek, Monte Verità 1982